皮埃尔·丹神父所著《巴巴里海盗的历史》(1636)一书中的插图,此版画描述了巴巴里统治者折磨基督奴隶的 22 种方式。

作为总统,托马斯·杰斐逊(1743-1826)敢于做他前两任都未曾做过的事业:他以军事手段解决巴巴里海盗,而不是以金钱赎买公民自由与和平。他的行动最终赢得世界的尊敬。

约翰·亚当斯（1735-1826）与杰斐逊是美国独立后，第一批面对巴巴里外交官的美国人。当两位好友出任美国驻英、驻法外交官时，与巴巴里外交官有过正面交锋，但从未成功说服后者停止攻击美国船只。

1785 年，詹姆斯·利安德·卡斯卡特（1767-1843）被突尼斯海盗俘获为奴，在长达 11 年的囚徒生涯中，他不仅学会了当地语言，也通晓当地文化风俗。这些能力后来令他在担任巴巴里地区美国领事时获益颇多。

尽管受尽屈辱，船长班布里奇（1774-1833）选择，只能顺从阿尔及利亚总督的要求。1800□月，他在"华盛顿号"上降下美国国旗，被迫督向伊斯坦布尔运送牲畜、货物、官吏和奴隶。

801 年，斯蒂芬·迪凯特（1779—1820）与美国
军的第一支舰队一道横越大西洋，并进入地中
，当时的他还是年轻的中尉。他以英勇的表现
擢升上尉——尤其是夜袭被俘的"费城号"。此
，他参加了 1812 年英美战争，并在 1815 年第
次巴巴里战争中再一次成为英雄。

理查德·戴尔准将（1756—1826）率领美国海军
的第一支舰队远征地中海。他是一位经验丰富的
统帅，但他的职权被所受指令严格制约。

巴巴里海战是美国海军赢得的第一场战役，而安德鲁·斯
特瑞特中尉（1778—1807）则是这场海战中的英雄。

一位艺术家以画笔表现了当 "的黎波里号" 被包围后，安德鲁·斯特瑞特中尉离开 "企业号"，准备跳往敌舰的英勇举动。

爱德华·普雷布尔上尉获得美国地中海舰队指挥权是第一次巴巴里战争的转折点。他加强了美海军在北非沿海的行动，并组织了一系列有效进攻，他的任期随着和平协议的签署而结束。

在威廉·班布里奇上尉漫长的海军生涯中，既有一系列伟大的胜利，也有不止一次失败。1803 年，"费城号" 在的黎波里港口搁浅是美国海军遭受的惨痛失败之一，而威廉·班布里奇上尉恰恰是该舰舰长。班布里奇被迫投降，他与他的船员因此做了 19 个月的俘虏。

在这幅 19 世纪晚期的画作中，艺术家力图表现无所畏惧的斯蒂芬·迪凯特。彼时，他已成为一位传奇的勇士。

04 年 8 月 3 日的黎波里港战斗，在爱德华·普雷布尔指挥下，以美国海军驱逐舰"宪法号"为首的舰队炮的黎波里舰队。

一位画家所展示的斯蒂芬·迪凯特为自己的生命奋战并为其弟弟复仇的场景。

斯蒂芬·迪凯特带领一群勇士炸毁了停泊在的黎波里港的"费城号"，使之避免沦为海盗船。

的黎波里商船马斯提科号在巴巴里战争中被捕获，并被改装成美国海军"无畏"号战舰。它在1804年2月16日炸毁"费城号"的行动中扮演了关键角色。同年9月3日，它执行了另一次危险行动。

威廉·伊顿（1764-1811），一个战士、一个外交家，以及一个英勇的将军，领导了一次名留美国战争史的行军：为夺回本属于哈梅特的王位而穿越六百英里沙漠。

普雷斯利·奥班农（1776-1850）率领一支由 7 位美国海军陆战队士兵和其他一些步兵组成的小队，向着德尔纳城防线发起冲锋。尽管人数处于劣势，但他们依然成功地将美国国旗插在防线上，这是美国国旗第一次在外国领土上升起。鉴于他的卓越领导和英雄行为，奥班农被赠予一把马穆鲁克弯刀，这把弯刀的图形至今依然留存在美国海军陆战队制服之上。

在这幅 19 世纪早期的木刻版画上，伊顿将军与哈梅特处在他们组织起来的杂牌军的最前方。在敌我悬殊的情况下，这支军队不到三小时就攻克了德尔纳。

这幅 20 世纪的绘画作品表现了美国海军陆战队在 1805 年 4 月 27 日对德尔纳的进攻。这一行动也被记录在了美国海军陆战队战歌："从蒙提祖马的大厅，到的黎波里海岸；我们为祖国战斗"。

托拜厄斯·里尔（1762-1816），乔治·华盛顿生前的私人秘书。1803年，杰斐逊任命他为驻巴巴里地区总领事。他一手促成了与当地的和谈，使伊顿来之不易的胜利付诸东流。

詹姆斯·麦迪逊是杰斐逊的密友和国务卿，在第一次巴巴里战争中扮演了重要角色。后，他还以第四任总统的身份命令美国海军回地中海，并于1815年终结了巴巴里国家捕人质，要挟赎金的历史。

1815年6月，迪凯特率领威风凛凛的舰队向阿尔及尔港炫耀武力，这一行动是巴巴里战争的最后一幕。

托马斯·杰斐逊
与海盗
美国海权的崛起

[美]布莱恩·吉米德 [美]唐·耶格 著

李鹏飞 译

北京联合出版公司
Beijing United Publishing Co.,Ltd.

图书在版编目（CIP）数据

托马斯·杰斐逊与海盗：美国海权的崛起／（美）
布莱恩·吉米德，（美）唐·耶格著；李鹏飞译．—北
京：北京联合出版公司，2016.10
ISBN 978-7-5502-8938-3

Ⅰ.①托… Ⅱ.①布…②唐…③李… Ⅲ.①制海权
–研究–美国 Ⅳ.①E815
中国版本图书馆 CIP 数据核字（2016）第 257759 号

北京市版权局著作权合同登记：图字 01-2016-6477
Thomas Jefferson and the Tripoli Pirates：The Forgotten War That Changed American History
Copright©2015 by Brian Kilmeade and Don Yeager
All rights reserved including the right of reproduction in whole or in part in any form.
This edition published by arrangement with Sentinel，an imprint of Penguin Publishing Group，a division of Penguin Random House LLC，arranged through Andrew Nurnberg Associates International Ltd.

托马斯·杰斐逊与海盗：美国海权的崛起

项目策划 斯坦威图书

作　者 （美）布莱恩·吉米德（美）唐·耶格
译　者 李鹏飞
责任编辑 夏应鹏
策划编辑 李佳铌 肖 宇
封面设计 仙境设计

北京联合出版公司出版
（北京市西城区德外大街 83 号楼 9 层 100088）
北京盛通印刷股份有限公司印刷 新华书店经销
170 千字 880 毫米×1230 毫米 1/32 7 印张 8 插页
2016 年 11 月第 1 版 2016 年 11 月第 1 次印刷
ISBN 978-7-5502-8938-3
定价：49.00 元

目　录

在接下来的日子里，班布里奇继续争辩说，他无法执行这种侮辱性的要求。这让总督变得更加愤怒。他要求将原先奥布莱恩计算的贡金"增加 11 万美元的债务"。

杰斐逊首先需要召集内阁。他要确保他们能够通过这个在脑海里已经成型的计划——这是一个关系到向巴巴里列强投降还是发动一场全面战争的计划。

帕夏的手下士气高涨，欢呼雀跃地挥动着手中的斧头，可是让他们沮丧的是，砍倒旗杆实属不易。木屑掉得满地都是，可旗杆硬是不肯倒下。仿佛是为了嘲笑那些士兵，美国国旗在斧头的砍声中迎风飘扬，而它的国民正在站立致敬。

即使面对 1801 年 6 月的风暴天气，迪凯特上尉依然觉得这次任务的垂青让他成为了最幸运的人。护卫舰迎着海浪的撞击发出咯吱咯吱的声音，仿佛是在低语着胜利的到来。

斯特瑞特对他们的诡计恼羞成怒，命令炮手不断攻击，直到确定"的黎波里号"沉没为止。"淹死这帮恶棍！"企业号船员大声吆喝道。数分钟之后，海盗的枪声越来越微弱，直到穆罕默德·劳斯亲自求饶，美军的炮火攻击才停了下来。

正当戴尔为他的被迫休假感到恼火时，杰斐逊似乎是在积极等待国会采取行动。实际上，他正策划一个秘密计划。该计划不被《国家邮讯报》和国会所知。这个计划不仅仅会规劝北非国家停止侵犯美国人，它还会改易这些国家的统治者。

回到的黎波里后，海盗竟胆大包天，从"星座号"的眼皮底下驶入了港口。美舰的吨位让默里难以在浅海追赶上灵活机动的海盗船，因此，"星座号"船员只能眼睁睁地被倒过来举着星条旗的海盗羞辱。

面对普雷布尔压倒性的海军力量，苏丹表现得毕恭毕敬。一名翻译说，他后悔与贵国树敌。过去，他的国家一直与美国保持和平，他将履行他的父亲曾在1786年签订的条约。

由于船身倾斜，一侧大炮指向水中，另一侧瞄准的却是天空。训练有素的美舰炮手也无能为力，敌人很快便意识到了他们的优势。敌军炮手躲在美军无法还击的地方，向高处瞄准"费城号"的桅杆。他们击毁了帆桅和索具，试图破坏军舰，防止美国人逃跑。

V

背上，率领部队疾驰而下，他在头上挥舞起特制的军刀，令敌人望而生畏。出奇的是，虽然他的长袍上出现了五个弹孔，但他并没有被敌人的炮火炸伤。

足智多谋的威廉·伊顿已经实现了一切不可能，凭借战术的运用赢得了德尔纳的胜利。然而，随着伊顿的扬帆起航，他看到一次青史留名的机会，一次让祖国赢得更加辉煌胜利的机会，即将被一纸条约所淹没。

《国家邮讯报》宣告战争取得了胜利。"我们的被俘同胞已经重新回到祖国的怀抱，光荣的条款写下了和平……我们如愿以偿。"

猝不及防

假想你的战友或同胞身处阿尔及利亚国家监狱或该死的卡斯蒂利亚，有三分之二会食不果腹、衣不遮体……他们曾经是美利坚合众国的一名公民，可现在却是阿尔及尔最悲惨的奴隶。

——理查德·奥布莱恩日记

1790 年 2 月 19 日

在葡萄牙沿海，一艘船正快速接近"多芬号"，可是理查德·奥布莱恩船长却丝毫没有感到惊慌。这是 1785 年 7 月的一天，风和日丽，对一艘美国商船来说，友好船只的靠拢应该不足为奇。或许它只是一艘同行商船，需要询问信息或者寻求帮助，或许那艘船的船长想要警告他附近会有海盗出现。

等到奥布莱恩意识到那艘船的敌意时，却为时已晚。面对装备十四门大炮的阿尔及利亚海盗船，美国商船显得是那么弱小无助。嘴叼匕首的突袭队员蜂拥而至，游向"多芬号"的两侧。阿尔及利亚海盗的数量大大超过美国水手，很快便拿下了商船，并宣布所有物资全部归属于他们的国家领袖——阿尔及尔总督。

海盗无情地将奥布莱恩及其手下的鞋子、帽子和头巾夺去，让他们在返航北非海岸的二十天里赤裸裸地曝晒于阳光之下。抵达阿尔及尔之后，这些美国俘虏被游街示众，受围观者嘲讽。

海盗向每名水手发放了一身粗陋不堪的当地服饰和两条毯子。无论水手们被囚禁几个星期还是五十载，这些衣物都是他们在整个囚禁期内唯一能够使用的生活用品。他们被囚禁在围栏之中，以石为床，仰望夜空，炽热的恒星灼烧着双眼，那滋味就像眼睛失去了眼睑，从此永不瞑目。每天晚上，囚营里都要进行一次点名，任何没能及时答到的囚犯都要被绑在柱上，并在次日清晨迎接一顿狠狠的鞭打。

从星期六到下个星期四，"多芬号"的全体船员都要戴着沉重的铁链，与另一艘被俘的"玛丽亚号"的船员一起在山上碎石。星期五是穆斯林的聚礼日，基督教奴隶被迫推着载有大量碎石和泥土的拖车行走两英里，到码头后再将其卸入海中，堆成防波堤。他们在太阳升起之前便开始了一天的劳作，或许只有此时的黑暗才让他们感受到一丝丝凉意，如此夙兴夜寐，靡有朝矣。

从早餐到午饭，囚犯的伙食只有发霉的面包，还有一碗醋供大伙儿食用，不过碰到好日子，还能得到一些磨碎的橄榄。在囚营里，水是唯一让人觉得慷慨的生活用品。作为船长，奥布莱恩的待遇能稍微好些，不过，他十分担心他的手下会因饥饿而死。

奥布莱恩抵达阿尔及尔两周后便给美国驻法大使托马斯·杰斐逊写信[1]，信中提到"我们经历的苦难实在难以言状，超乎您的想象"。

这些苦难只会越品越苦。"玛丽亚号"和"多芬号"的一些俘虏因为黄热病、劳累过度和曝晒相继死去，但从另一面想，他们算是解脱了。剩下的俘虏想要出狱只有三种选择：皈依伊斯兰教、逃跑或者等待祖国的拯救。然而，只有少数俘虏能被赎回，大部分俘虏只能陪着他们那薄薄的毯子慢慢老去，年复一年地期盼着遥不可及的自由，就连理查德·奥布莱恩也做了十年的奴隶。

美国还未选出它的第一位总统，便早早树立了首个劲敌。

第一章

流落异邦

美国各州想要与地中海自由贸易几乎没有可能……
美国人不能保护自己，因为他们的海军是装不出来的。

——约翰·贝克·霍洛伊德，希费德勋爵

《美国商业观察》，1783 年

1785 年，也就是理查德·奥布莱恩被海盗抓获的同一年，托马斯·杰斐逊深深地体会到，所有政治事务，即便是大西洋两岸的政治事务，也都事关诸己。

托马斯·杰斐逊是一名鳏夫。1782 年 9 月，妻子的离世让他心如刀割，唯一稍感欣慰的是十岁的女儿玛莎依然陪伴在旁。为了逃避萦绕心头的悲痛，他和女儿总是选择在大农场散步。杰斐逊接受美国驻法大使这一职位，也是因为这是一次让他摆脱悲伤、走出阴影的机会。

1784 年夏天，托马斯·杰斐逊与玛莎乘船抵达欧洲。他安排女儿在巴黎的一所修道院学校上学，因为那里的学生大都能说一口流利的英语，而他也可以定期去看望女儿。玛莎的两个妹妹，六岁的玛丽和刚蹒跚学步的露西·伊丽莎白，却因年龄太小而未能与他一起漂洋过海。杰斐逊将她们托付给妻子的半同胞姐妹艾普斯照顾。亲子分离本就是一件十分痛苦的事情，但让杰斐逊更为痛心的则是，来到巴黎几个月之后，艾普斯寄信称"百日咳"夺走了他两岁女儿露西的生命。[1]

悲伤又一次狠狠地打击了杰斐逊，他是多么渴望与"鹦鹉波莉"① 团聚，于是他给活泼、健谈的女儿玛丽写信，希望她能来巴黎一起生活。他写信说，父亲和姐姐"不能没有你"，问她是否同意乘船来他们身边。他向女儿许诺，到了法国，她可以"学习大键琴、绘画、跳舞、读书还有说法语。"[2]

"我多么渴望见到你，希望你……好好的"，七岁的女儿回信说。但她补充说，不管有没有大键琴她都不希望前往。"我不想去法国，"她清楚地表明，"我宁愿陪着艾普斯姨妈。"[3]

但杰斐逊执意要让女儿来法国，并且着手安排女儿的行程。他已经失去了家人两次，所以他不想再失去波莉，要尽最大可能来确保女儿旅途的万无一失。他要求女儿的姨夫弗朗西斯·艾普斯为波莉选择一艘可靠的客船。"客船不应是第一次航行大西洋，"杰斐逊说，"船的年龄不能超过四年或者五年。"[4] 他担心冬

---

① 指杰斐逊的二女儿玛丽·杰斐逊，"鹦鹉波莉"是父亲杰斐逊对她的昵称。——编者注

天会遭遇暴风雪天气，于是坚持让女儿在温暖的季节前往。提到旅行时的监护人，杰斐逊建议，"波莉应该随品行端正的女士从美国来到法国，或者……一位细心的绅士。"[5]

然而，让杰斐逊最担心的不是可怕的天气或船只漏水，而是来自北非海盗的威胁，那是一个被称为巴巴里海岸（Barbary Coast）的地方的海盗。对于那些常常接近该地区的船只来说，"多芬号"和"玛利亚号"的命运已是屡见不鲜。巴巴里海岸属于干旱贫瘠的撒哈拉沙漠，划分为四个国家，自西向东分别是北非国家摩洛哥、阿尔及利亚、突尼斯和的黎波里，它们都臣服于奥斯曼帝国（即土耳其）的统治。

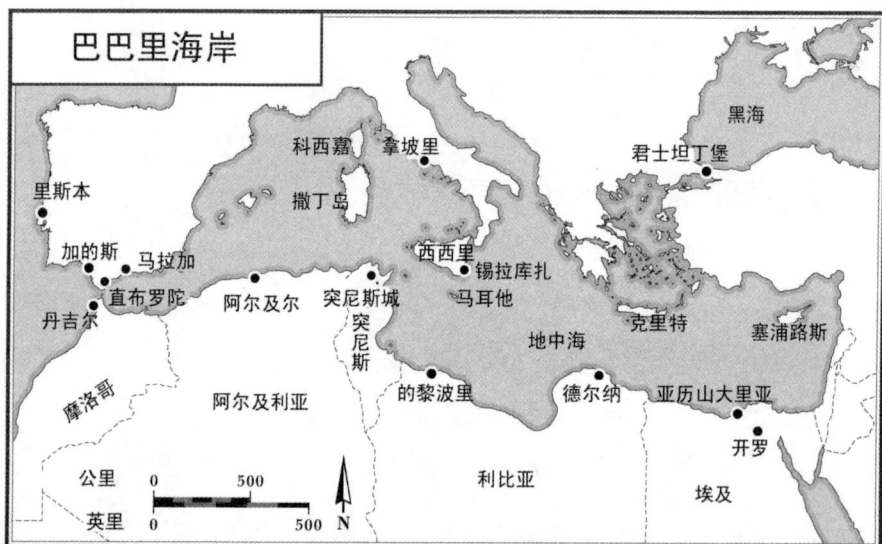

巴巴里海岸

里斯本
加的斯 马拉加
直布罗陀
丹吉尔
摩洛哥   阿尔及利亚
阿尔及尔
突尼斯城
突尼斯
的黎波里
科西嘉 拿坡里
撒丁岛
西西里 锡拉库扎
马耳他
地中海
德尔纳
利比亚
君士坦丁堡
黑海
克里特
塞浦路斯
亚历山大里亚
开罗
埃及
公里 0   500
英里 0   500 N

6

几个世纪以来，巴巴里海岸的伊斯兰国家一直垂涎外国商船，并在地中海、非洲西北海岸以及伊比利亚半岛等国际水域攻击过往船只。即使像法国和大不列颠这样的海军强国也未能幸免，他们不得不每年向巴巴里首领缴纳"贡品"，由他们去说服海盗放弃掠夺上贡国家的商船。然而贡品的价格经常会发生改变，如果一些国家不能够满足贪婪海盗的勒索要求，他们的船只就难以安全航行。

对于异常理性的杰斐逊来说，无法无天的海盗会严重危害到他那已经支离破碎的家庭。他知道，绝不能让奥布莱恩的遭遇在自己的孩子身上重演。正如他写给姐夫弗朗西斯·艾普斯的信中所述："对这件事情的担忧让我谨小慎微……我们已经有两艘船在阿尔及利亚被扣留了，至今已有二十名公民沦为奴隶。""玛丽亚号"和"多芬号船员"的困境一直在杰斐逊脑海里挥之不去，他们遭受的地狱般的监禁让他陷入了深深的沉思，"谁能料想到……一个孩子的命运？我总是在担忧被海盗俘获的可能，"杰斐逊写道，"是否已经与阿尔及利亚人达成和平，这一定要听见我亲口说才行，不要相信其他任何人的信息，一定要她乘坐法国或者英国的船；因为这些船只已经给巴巴里人上贡，比较安全。"[6] 他知道这两个国家已经缴纳了高昂的年贡，以此换来船只的通行安全。

作为一名父亲，他从骨子里担心自己女儿的安全。作为一名大使和美国人，让杰斐逊义愤填膺的是，一个自由国家的公民在出海航行时竟然会遭受此番恐惧与不公。

公使之晤

一晃数月过去，1786 年 3 月，杰斐逊前往伦敦会见好友约翰·亚当斯。他们希望能够共同解决当前美国利益面临的新威胁。

此时的亚当斯已年过半百，大腹便便，丰颐重颔。他欣然欢迎杰斐逊来伦敦的家做客，两人寒暄之后便在宽敞的客厅里就坐。公寓是亚当斯租用的，俯瞰窗外，格罗夫纳广场绿树成荫。

亚当斯是美国首任驻英国公使。杰斐逊则是美国驻路易十六法国政府的公使，他从巴黎一路奔波六日才抵达英国，途经寒风凛冽的天气。对于亚当斯和他的妻子阿比盖尔来说，故人犹在容颜改，杰斐逊往日的满头金发已渐渐染白。一位是矮矮胖胖的新英格兰人，一位是四十二岁高挑瘦削的弗吉尼亚人，他们不仅拥有不同的血统，在未来的岁月里，也时常持有政见不一的观点。

与他们遇到的大多数欧洲外交官不同，亚当斯和杰斐逊并非出生于豪门贵族，懂得外交礼仪。亚当斯是一名粗鲁彪悍的律师，出生于波士顿南部的自耕农家庭，一贯放荡不羁的态度让他远近闻名。杰斐逊举止绅士得体，因为他在巴黎学到了国际化的交往方式，但他天生却是一位乡村男孩，他在弗吉尼亚州中部的夏洛茨维尔小镇附近继承了大片农场。两人都是国际谈判游戏中的新手，而祖国需要他们尽快成长起来。

1783 年美英签署巴黎合约，战争宣告结束，美国的法律地位从此在世界各国和领导人眼中焕然一新。然而，失去了英国的保护，这个羽翼未丰的新兴国家发现其国际地位还很卑微。亚当斯致英国政府的信函无人回复，而杰斐逊在尝试与法国和西班牙治谈贸易条约的进程上也毫无起色。现在，一个更大的国际威胁却悄然滋生。于是，亚当斯从巴黎请来杰斐逊，共同商议应对北非"海盗国"带来的危险。

过去，殖民地船舶享受英国国旗提供的保护，可是由于美国船只不再携带英国护照，英国海军对海盗开始坐视不管。法国与美国只是对英作战时期的盟友，现在战争结束法国也不再保护美国。美国人在国外只能孤军奋战，尤其是在国际水域。那时美国尚未拥有自己的海军，船只的保险费用暴涨，甚至超过欧洲船只的二十倍。[7]

高额的保险费用让航海业不堪重负，但是美国经济也无法承受结束公海贸易带来的损失；独立革命需要依靠外债，而偿还这些债务则依赖于源源不断的国际贸易。美国与南欧的贸易是国家经济的重要命脉，贸易船只必须驶入地中海，但是这恰好途经巴巴里海盗的势力范围。根据杰斐逊计算，新英格兰地区最重要的鳕鱼干出口的四分之一将流入地中海市场，而国家六分之一的粮食出口也被运往地中海地区。大米和木材同样是重要的出口产品，同时，商船为一千多名海员提供了就业机会。约翰·亚当斯认为，贸易和就业对于不断增长的美国经济来说至关重要，如果能够解决巴巴里地区的外交问题，相关经济会成倍的增长。

最初，美国政府已同意向北非国家支付保护费。但由于保护费水涨船高，面对数十万美元的巨款，美国国库能负担起的只有象征性的寥寥几笔而已。在那时，一名美国人的身价并非百万美金，就连杰斐逊先生在蒙蒂塞洛的庄园也最多值 7500 美金。由此可见，支付如此巨额的保护费确实让人难以置信。然而，如果不能足额付款满足巴巴里国家的要求，美国只能被迫让其商船航行于风险之中。"玛丽亚"和"多芬号"的船员便要成为众矢之的。

这一天，亚当斯和杰斐逊为"玛丽亚"和"多芬号"的命运忧心忡忡。自去年 7 月阿尔及尔的海盗掠夺船只和货物已近一年的时间，而阿尔及尔的统治者明确表明了他的条件：除非支付那些天价赎金，否则美国俘虏就要沦为他的奴隶。

他们十分同情被俘同胞，然而杰斐逊和亚当斯深知新成立的国家经不起新的战争或欠下新的债务。他们知道，让美国商船远离巴巴里海岸带来的损失将会大大超过解决问题所需的资金。重担落在了这两位公使的肩上，正如杰斐逊向一位朋友吐露，这感觉"完全是在愤慨与无奈之间"[8]。

然而，杰斐逊和亚当斯绝不能在危险面前丧失勇气。彼时，不仅美国家庭和经济遭受到了威胁，而且流言四起，传言海盗抓获了一艘载有前任驻法公使本杰明·富兰克林的船只。（一名记者在写给富兰克林的信中提到，"我们正苦苦等待您的回信。报纸上关于您的消息让我们万分焦虑，因为有些人声称您已被阿尔及尔人带走，另一些人则伴称您在摩洛哥，正忍气吞声，遭受奴役。"[9]）让大家欣慰的是，这则消息后来证明是假的，只是巴巴里海盗制造的恐慌，但它却让人心有余悸。

约翰·亚当斯和托马斯·杰斐逊坐在伦敦的公寓里，讨论着任何可能打破僵局的谈判方式。亚当斯认为与巴巴里的统治者协商是有希望的，于是两位公使着手商议万全之策。

"钱乃神也；穆罕默德，其先知也"

几个星期前，亚当斯悄悄访问了巴巴里地区的黎波里大使，当时大使刚刚抵达伦敦。让亚当斯惊喜的是，满脸胡须的西迪·哈吉·阿布杜拉曼对他的访问表示热烈欢迎。两个仆人侍奉在一旁，他们坐在温暖的火炉前，用六英尺长的水烟管抽烟，烟管的长度都能赶得上"一根拐杖"。亚当斯立即给杰斐逊写信："好久没有抽过这种烟，这场面让我有点受宠若惊，两个大烟鬼凑到一块吞云吐雾……直到咖啡端了上来。"[10]

亚当斯给的黎波里人留下了深刻的印象。看到他如此专业的使用土耳其烟具，一名侍从称赞说："Monsieur, vous êtes un Turk！"（"先生，您是土耳其人！"）[11]这是对亚当斯先生的高度赞美。

两日后，阿布杜拉曼回访亚当斯，亚当斯断定他新结识的这位外交朋友"仁慈又英明"，美国可以与他做生意。[12]他相信阿布杜拉曼有可能会促成美国和其他巴巴里国家的谈判，让美国商船

11

不再遭受掠夺。现在亚当斯重新回到了他的朋友和同事身边，他与杰斐逊一起分享计划，邀请他参加会谈。

三月的一天，狂风怒号，亚当斯、杰斐逊和阿布杜拉曼在的黎波里大使的家中会晤。由于的黎波里大使只会说少量英语，于是夹杂着法语和意大利语的会晤开始了。讨论进行得十分诚恳，这让亚当斯和杰斐逊看到了转机。然而，当话题转移到贡金的问题时，希望的泡沫很快被打破了。

杰斐逊研究过欧洲缴纳贡品的数额，包括丹麦、瑞典、葡萄牙，所以他知道市场行情。然而，阿布杜拉曼索要的黄金数量远远超过了美国的预期：与的黎波里达成永久和平需要花费约 3 万英国几尼，约合 12 万美元，这还不包括阿布杜拉曼 10% 的酬金。这些数额只能换来与巴巴里一个国家的和平。买通突尼斯将再次耗资 3 万金币，更何况摩洛哥、阿尔及利亚这样的大国，他们是四个国家中实力最强的两个。国会节衣缩食攒下 8 万美元原本想要换来全面和平，而面对巴巴里国家的贪婪，这些资金充其量也就是一笔预付款。[13]

亚当斯想要简单解决问题的想法彻底成为了泡影，不过他没有终止谈判。他深知国家的财务问题，开始明白奥布莱恩后来对海盗的这一评价："钱乃神也；穆罕默德，其先知也。"[14]贪婪本身不能诠释索取的疯狂和残忍。面对令人不满的回复，一向直言不讳的亚当斯要求对方给出一个更好的解释。他尽量保持最好的外交姿态——不管他们如何焦虑，美国大使们也没有一跃而起，大步扬长而去。亚当斯质问，巴巴里国家如何解释"对那些没有侵犯过他们的国家开战"。

回答只不过让人更加心冷齿寒。

阿布杜拉曼根据他的圣书《古兰经》解释说："所有不承认预言的国家都是罪人，对他们掠夺和奴役天经地义，是我们神圣的职责。"

基督教水手们一向简单而朴实，他们崇尚公平竞争。

杰斐逊试图理清阿布杜拉曼的一席之言。他熟悉穆斯林的圣书。二十年前，杰斐逊在威廉斯堡读法律专业，曾经买过一本《古兰经》的抄本，但觉得该书的观念过分异域晦涩，所以将它与希腊和罗马神话丢在了书架上。这个谈话让他感到更加困惑。该书作者认为所有人"都被造物主赋予了不可剥夺的权利"，如果他知道阿布杜拉曼将此作为贪婪和残酷的狡辩，那么他一定会感到震惊。

阿布杜拉曼浇灭了亚当斯的希望，不再扮演"仁慈又英明"的角色。不管美国人如何震惊与失望，他没有做出任何道歉，没有表示同情，也没有遗憾。他相信他的穆斯林同胞的行为完全合情合理。

"每个穆斯林，"他解释说，"在战争中牺牲一定会升入天堂。"

对于阿布杜拉曼来说，这并不复杂。在他的文化中，商船的掠夺者、船员的奴役者、收取安全通行费的巴巴里人在穆罕穆德的预言教义中都是理所当然的。"我们的古兰经就是这么写的。"

他一脸轻松地说。[15]

会谈结束后，两位美国公使心灰意冷，一无所获的他们更是怒不可遏。他们没能找到问题的解决办法，无法和平保护美国的海上运输以及释放在北非遭受奴役的同胞。

和平的代价

亚当斯和杰斐逊初次和谈的尝试以失败而告终，开始讨论下一个计划。他们一致认为，维持现状是行不通的，然而这也是两人走向分歧的开始。

在未来的几个月中，两位老朋友会发现他们在处理巴巴里海盗的问题上出现了分歧。亚当斯依然决定继续谈判。他相信，即使借钱支付，美国人也愿意缴纳贡金换取和平。"如果不这样做，"那年夏天他写信给杰斐逊，"你我都应该……告老还乡了。"[16]

在巴黎，杰斐逊表达了另一种看法。用他的话来说，他不希望"购买平安"。他不相信巴巴里各国能够遵守承诺。同时，他认为美国无法承受地中海贸易的中断带来的损失。他相信能够解放这片海域，并提出了一个强硬的立场。

"我宁愿通过战争的方式实现和平。"他在巴黎向亚当斯写道。[17]杰斐逊认为，美国需要一支海军来应对巴巴里海盗，对抗并摧毁他们。

他告诉亚当斯，美国想要赢得与欧洲同样的公平待遇、荣耀和尊重，必须要组建海军，在巴巴里海域"长期巡航"，治理并打击不法国家的船只。他认为，武装海军力量在预算上切实可行。根据他的计算，组建小型海军的费用要低于赎金、保护费和海事损失的总和。

亚当斯持反对观点。他认为，向伊斯兰国家发动战争是昂贵的，可能无法取胜。这肯定需要一支过于强大的军事力量，占用美国预算。他与杰斐逊的观点不同，并不认为一支小型海军就可以解决问题。他告诉杰斐逊："我们不应向他们发动战争，除非下决心与他们永远战斗下去。"[18]

尽管存在分歧，但两人都一直在为解救被俘船员努力。他们委派美方代表与巴巴里各国政府谈判。杰斐逊联系了基督教马蒂兰教会，该教会也被称为三位一体信奉者，自1199年起一直致力于解放基督教俘虏的工作。然而，所有努力都以失败而告终，奥布莱恩及其手下依然被囚禁。最后，美国与阿尔及尔的外交联系归于沉寂。接下来的五年甚至更长一段时期，美国与阿尔及尔之间的谈判迟迟未能恢复。那些年，数百名基督教的男人、妇女和儿童被海盗囚禁，海盗愈加猖狂地抢掠船只和货物，囚禁奴隶。

然而现在的情况继续困扰着杰斐逊。一想起女儿波莉的安全问题，他越发理解那些以航海为生的美国家庭的遭遇，理解他们为亲人彻夜难眠的焦虑之情。在东大西洋和地中海这个海盗横行的世界，谁会是下一个被俘和奴役的对象？他们能再次回到故土吗？是亡于疾病还是客死异乡？

那些集贪婪无厌、宗教狂热、自私自利于一身的巴巴里列强不可能听从辩解。他们可能向武力低头，但如果没有海军，美国人则无法对海盗施压。亚当斯和杰斐逊都陷入了困境，无奈之下只能回国寻求办法，但他们并没有完全放弃。不久以后，杰斐逊将以一个新的身份面对这个问题。

第二章

国务卿杰斐逊

战争、朝贡、赎金皆由国会决定，这只是我们重建地中海贸易的手段。

——美国国务卿托马斯·杰斐逊

1790 年 12 月 30 日

1789 年，托马斯·杰斐逊登上弗吉尼亚州的诺福克海岸，镇长和议员致以热烈欢迎，祝贺他被乔治·华盛顿任命为美国国务卿。

杰斐逊在国外工作的五年期间，美国政治形势发生了巨大变化。国家宪法已被起草和批准。4 月 30 日，乔治·华盛顿将军担任美国首届总统。尽管杰斐逊仍在欧洲，但总统选择他出任新设立的国务卿一职，而就在杰斐逊的回国途中，美国国会通过了任命。

面对总统先生委以的重任，杰斐逊感到无比荣幸，同时又觉得任重而道远。作为国务卿，除了财政和战争事务以外，他要管理整个政府。杰斐逊请求给他一段时间考虑。那年冬天，当他回到家乡（弗吉尼亚州中部）以后，他决定接受任命。他仍住在蒙蒂塞洛位于山顶的老家，在那里见证了女儿玛莎二月的婚礼，玛莎那时十七岁。然后，他前往临时首都纽约，开始在政府工作。

1790 年 3 月 22 日，总统和他的新任国务卿召开了首次会议，讨论的是杰斐逊这几年一直萦绕心头的话题——理查德·奥布莱恩及其手下的困境。

并非只有华盛顿和杰斐逊两人担忧那些被俘的同胞。1790 年5 月14 日，国会大楼宣读了一份请愿书。那是被俘同胞发来的一封信，由于他们的处境已经到了山穷水尽的地步，时光的流逝让形势变本加厉，他们希望国会能够出面交涉。

国会在此问题上的关注已经不仅仅是被俘的美国人，因为海盗对商船的持续威胁已经让地中海贸易减少——这给原本健康的美国经济带来了巨大损失。国会和总统行动迅速，立即将此事转呈新任国务卿办理；有了华盛顿的授权，杰斐逊着手详细查办此事。

一向博览群书的杰斐逊开始查阅各类有关巴巴里海盗的历史文献。在做出明确的建议以前，他计划花费数月去研究海盗几个世纪以来长期奴役无辜船员的做法。针对该问题，他编制了详细的报告，而且与关押在阿尔及利亚监狱的理查德·奥布莱恩进行了交流。

由于奥布莱恩曾任海军上校，他的监狱生活远远好于其他大多数囚犯。他被分配到英国领事馆从事一些相对舒适的工作，比如耕地、种树、喂猪等，最后成了总督的跑腿。这种特殊地位允许他前往葡萄牙、英国和德国，向政府、私立党派和基督教救援机构讨要赎金。但在这些旅行中，他被戒备森严地看管着，无法逃脱；他知道，如果不返回，他的手下将会面临灭顶之灾，而这些人正遭受残酷的劳役和虐待。

奥布莱恩尽最大努力回答杰斐逊信中提出的问题。1790 年 12 月 30 日，华盛顿总统向国会两院提交了杰斐逊的详细调研报告。报告总共有两份，一份题为"阿尔及尔的囚犯"，另一份题为"地中海贸易"。

虽然他的报告似乎支持赎金策略，但杰斐逊也有他的疑虑。对待购买和平的问题，他坚持自己长期以来持有的怀疑观点。在"多芬号"和"玛丽亚号"遭受掠夺以及后来与亚当斯发生分歧以前，杰斐逊就曾连续多年呼吁美国利用海军解决巴巴里海盗的问题。七年前，他曾提交过反对朝贡的议案。如果谈判破裂（多年来，海盗一直出尔反尔），应如何处理。

如果他们拒绝一桩公平条约，为什么不向他们宣战？如果想要继续开展贸易，我们应开始筹建海军。我们能不能活得更有尊严？或者先从软柿子下手？说白了，我认为，用六艘护卫舰便能彻底摧毁他们的贸易。[1]

在杰斐逊1790年递交国会的报告中，他将收集的关于阿尔及尔海军力量和策略的详情和盘托出。他不认为阿尔及利亚人装备的军舰有多了不起，并指出其战斗策略重点在于登上目标船，而不是依赖他们的大炮。[2] 他暗示说，美国人只需要一支小型海军便能击败海盗。然而，迫于政治压力，他没有呼吁直接的军事行动。"战争、朝贡、赎金皆由国会决定，"他总结说，"这只是我们重建地中海贸易的手段。"[3]

一些议员同意创办海军，但国库空虚终止了与军舰有关的话题，甚至还没来得及讨论。赎金看起来相对便宜，但筹备它却是出奇地慢；直到一年多后，1792年，国会同意与阿尔及尔签署4万美金的条约。然而，距离和死亡使条约延期——两名与阿尔及尔谈判的官员双双在谈判开始之前病逝，以至于到1794年，谈判也未能启动。

那时，奥布莱恩和他的船员已经被囚禁了九年，依然期盼着自由的到来。

海军出世

杰斐逊担任国务卿时，他的国家还没有海军。最后一批"大陆海军"的军舰在独立战争后被抛售，约翰·保罗·琼斯曾经用它们创造了传奇。

国家没有多余的资金去维修军舰，那时国家面临的威胁还不足以作为筹资的理由。

总统华盛顿十分赞成解散海军。他不止一次地提出在国际事务中保持严格的中立政策，1793 年他发表"中立宣言"再次明确了该立场。一想起战争给国民和国家资源带来的沉重代价，华盛顿便对战争恨之入骨。他既不希望成立常备军，也不赞同成立海军。

华盛顿和杰斐逊在很多国家事宜方面意见不一，这已是人尽皆知的秘密。君子和而不同，杰斐逊认为华盛顿的某些决策存在失误，他曾在一封建议信中公开与其争辩。基于早年的欧洲经历，杰斐逊坚信巴巴里局势需要军事行动来解决。他向总统提交了建议，尽可能促成此事。

杰斐逊的影响力似乎已经奏效。当他加入美国内阁之后，政治潮流开始逆转。1793 年 10 月，国务卿收到一封来自美国驻里斯本领事的信。阿尔及利亚军舰在直布罗陀海峡附近袭击了"大西洋号"。该舰队由 8 艘船只组成，包括 4 艘巡防舰和 1 艘配备20 门火炮的双桅横帆船。他们意图何为？"直指美国国旗"[4]。海盗不再满足于袭击过往自身势力海域的美国船只，而是胃口大开，主动搜寻美国商船。"自从收到这个噩耗后，我彻夜难眠，"领事给杰斐逊写信说，"海盗猖獗，大西洋航运岌岌可危，上帝保护我们。"[5]

不久，从直布罗陀发来的急件报告说，10 艘美国商船在十月下旬遭受侵略。阿尔及利亚海盗不仅掠夺了船只，而且为他们的奴隶监狱增添了 110 名俘虏。海盗的猖獗不能再纵容下去，形势已经不再是简单的争论问题。军事行动刻不容缓。

国会决定让众议院研究所需军舰类型。不久，众议院便递交了调研报告，并于 1794 年 2 月 16 日开始举行辩论，历时一个月之久。自杰斐逊成立共和党之后，詹姆斯·麦迪逊担任领导职位。虽然他是杰斐逊的亲密好友，又是他的心腹议员，但在该问题上却和杰斐逊意见相悖。麦迪逊认为，组建海军会不必要地扩大联邦政府。联邦党人利用杰斐逊的旧观点，认为筹建海军所需资金小于在没有海军的情况下负担的开支。海上保护费上涨得惊人，而货物进口成本也日益增长。他们认为，组建海军从经济上讲是必要的。

美国各党派和区域之间存在严重分歧：新英格兰地区代表更倾向于建立海军，以保护他们的商船，而南方代表则普遍反对联邦权力的扩张。于是，国会达成了妥协，海上恢复和平之后同意停止军舰建造。国会两院双双通过法案，同意在一定的范围内建造海军。1794 年 3 月 27 日，华盛顿总统签署法令，授权购买或建造 6 艘护卫舰。其中，4 艘配备 44 门火炮，2 艘配备 36 门火炮。拨付巨款达 688 888 美元。

几经周折，尘埃落定：美国终将拥有一支海军。乔治·华盛顿下令造船合约分别由南、北港口承担，于是建造工程开始了。第一艘护卫舰下水耗时三年，在此期间，巴巴里外交的博弈见证了游戏规则的一次次改变。随着协商的屡次失败，唯一的解决方式变得愈加清楚：这些护卫舰必须要穿越大洋，用加农炮的炮火尝试不一样的外交。

压榨殆尽

1793 年末的一天，杰斐逊宣布辞职，回到蒙蒂塞洛开始新的生活。在他离开一年之后，美国设法与阿尔及尔总督达成和平协议——一个反对杰斐逊建议的协议，这意味着美国人将要为和平买单。尽管建造海军的任务不再是燃眉之急，但华盛顿总统说服国会，停止造船非明智之举。

华盛顿的直觉后来证明是对的。由于美国缴纳大西洋贡金常年缓慢，总督发出战争威胁，拒绝释放囚犯。让美国人感到宽慰的是，他们已经在持续建造军舰，"合众国号""星座号""宪法号"军舰先后在 1797 年下水。

截至 1797 年，乔尔·巴洛一直担任驻阿尔及尔大使，与善变的统治者进行周旋。在过去的几年间，总统派他"与阿尔及尔统治者协商，负责美利坚合众国的利益"[6]。他的目标是维持和平，争取奥布莱恩及其船员的释放。

要说与阿尔及尔进行艰难的外交斡旋，巴洛再适合不过。巴洛毕业于耶鲁大学，曾经在独立战争中服役。他当过新闻记者，在法国革命期间曾被监禁。作为一名法国荣誉市民，他曾一度遭遇恐怖统治的梦魇。巴洛似乎向来我行我素。他不仅头脑机智、

23

富有勇气，而且具有一身王室风度，这让他成为了一名专业的外交官。然而，他是否能够拯救美国俘虏，尚不能下定论。

当巴洛作为美国领事到达阿尔及尔之后，他面对的是总督的拒绝，除非美国能够兑现赎金，否则囚犯依旧得不到释放。巴洛向其保证，赎金很快会被缴纳。在此期间，他不断向阿尔及利亚的统治者供奉钻戒、锦袍、地毯、镶有宝石的鼻烟盒以及他从法国带来的珍品，总价值超过2.7万美元。巴洛的作风、安抚礼物和赎金承诺最终说服总督释放了俘虏。恶劣的监狱条件和疾病已经让俘虏人数减少，巴洛最后引领85名幸存者登上了"财富号"，目送他们向故土起航。

当奥布莱恩和其他俘虏被释放以后，巴洛和美国同事仍然继续留在该地区，去完成一系列比登天还难的谈判。为了能够买到一纸合约，他容忍了外交欺诈、拖延、失信，还有那极不稳定的交易。美国政府被迫接受了阿尔及利亚人屈辱性的要求，同意缴纳近百万美元的费用和物资，这相当于联邦政府全年支出的八分之一。

由于美国手头没有现金支付给总督，所以只好借钱偿还。当船员被释放后，理查德·奥布莱恩选择留下，继续协助美国政府。凭借在英国领事馆多年的工作经验，他在阿尔及尔很是出名，能够很好地沟通两国事宜。于是，奥布莱恩前往伦敦在内的欧洲各地，希望从伦敦银行家那里获得金银支持，而最终他成功争取到了葡萄牙和意大利的贷款。然而，在资金交付到阿尔及尔以前，奥布莱恩的厄运又一次降临。他乘坐的双桅帆船"索菲亚号"被的黎波里海盗劫持。

因为该船拥有阿尔及利亚护照，的黎波里的统治者帕夏尤瑟夫·卡拉曼利及时命令释放。但奥布莱恩的俘获让巴洛想出了一个主意：他委托奥布莱恩作为中间人，与好战的帕夏进行谈判。

帕夏尤瑟夫是一个冷血奸诈之徒，他为了争夺王位不惜谋杀自己的亲兄弟，并将另一个兄弟哈梅特流放。为了保证哈梅特不再返回争夺王位，帕夏尤瑟夫扣留了他的家人作为人质。虽然与这种人谈判成功与否还不得而知，但是巴洛认为值得尝试一次。1796 年 11 月，美国与的黎波里签署了和平友好条约。条约包含了一般条款：支付贡金，并向对方提供军需品，以换取美国商船的自由通行和相互合作。

该条约由美国国会在 1797 年 6 月通过，巴洛后来回到了法国。他在北非只待了两年，却留下了两个新条约。哦，不，不止两个，还有两个要与巴巴里剩下的两国在短期内签订——摩洛哥和突尼斯。巴洛的短暂任期似乎取得了成功，虽然签订了贡金条约，但长期被囚禁的船员得到了释放。

杰斐逊武力解决问题的观点错了吗？那时，美利坚合众国正在享受从巴巴里沿海诸国买到的和平——但是美国的新舰队也在整装待发，以防不测。

伊顿的出现

巴洛离开之后，美国派遣了一个经验丰富的代表在巴巴里地区工作。理查德·奥布莱恩接替巴洛职务，1797 年 12 月正式被任命为巴巴里诸国的总领事。

1798 年 12 月，同样曾被俘虏的詹姆斯·利安德·卡斯卡特在北非加入了奥布莱恩的队伍，担任美国驻的黎波里领事职务。卡斯卡特乘坐的"玛丽亚号"于 1785 年被海盗劫持，他与奥布莱恩一起忍受了十年囚禁生活。卡斯卡特对残酷的监狱环境并不陌生，在他被阿尔及利亚囚禁以前，曾于独立战争时期在英国监狱船里待过。当发现自己又一次入狱时，他知道如何应对监狱生活。在阿尔及尔的几年里，他在俘虏者心中的地位慢慢上升，从一个文员到一名监工，直到 1792 年被任命为总督秘书。担任该职务以后，他能够与那些手持大权的人物交往，包括那位借给他 5000 美元，让他赎回自由的瑞典领事。然而，那些年在阿尔及利亚暗无天日的煎熬，他一刻也从未忘记。

在新任美国驻突尼斯领事威廉·伊顿的陪同下，卡斯卡特穿越了大西洋。威廉·伊顿有着酷似大理石雕刻的罗马将军的形象，早早变白的头发下面还有一个双下巴。不过此人才华横溢，他被国务卿蒂莫西·皮克林看中，认为是挑战突尼斯外交的最佳人选。

伊顿在生活中表现出了顽强的毅力。他幼年便学习古典语言，十六岁参加独立战争，与英国人战斗。1785 年，在康涅狄格团服役后，他考入了达特茅斯学院。但是为了赚取学费，他要在冬天到几所乡下学校教课，这也中断了他的学业。从康涅狄格的农村小镇教完课后，他将自己的书本、换洗衣服还有学费打包成一个小包裹，扛在肩上，开始向新罕布什尔州的汉诺威出发，向北步行了近 150 英里。

1787 年的夏天异常炎热，伊顿原本以为那将是一段令人愉快、悠长惬意而又风景宜人的乡间小径，可是一路上却是万分艰辛，尘土飞扬的道路两旁竟是干涸的土地。路途未走一半，他便发现自己已经身无分文，而且饥饿难耐，这时距离新罕布什尔的边界还有一段路程。但伊顿向来足智多谋，具有很强的适应能力，他想出了一个办法。兜里唯一值钱的东西便是针线包里面的针具。卖掉针具之后，他东拼西凑，刚好够他前往汉诺威的盘缠。

毕业后，伊顿回到了军队，于 1792 年获得了上尉的头衔。在美国陆军服役五年期间，伊顿上尉努力克制自己的火暴脾气，尽量私下解决个人恩怨。有一次，他差点儿就与一名指责他不服从命令的同僚打起来。多亏其他同事劝阻，这才避免了一场打斗，最后双方都承认自己存在过失。"后来，B 上尉做出让步，主动与我握手，"伊顿在他的日记中写道，"我接受了。"[7] 荣誉——不管是个人还是国家的——都值得为之奋斗。

伊顿向来以顽强出名。他是一名神枪手，可以在马背上待一整天。如果需要，他能够凭借自己的过人智慧生存下来。他曾驻扎在里卡沃理堡，在那里赢得了传奇将军安东尼·韦恩的尊重。韦恩在华盛顿的军队中以忠贞不贰著称，人称"疯子安东尼"。韦恩注意到，"伊顿处理问题时严格遵守宪法；他刻苦勤劳而又孜孜不倦，不屈不挠又能持之以恒……遇到危险时，他依旧泰然自若；他带兵表现出了极佳的优势。"[8] 几年以后，伊顿驻扎在乔治亚与西属佛罗里达之间的沼泽地区，结识了当地部落并一同前往乔治亚打仗。"我经常邀请印第安人和贸易商来我的营地做客并款待他们。"他向部队长官写信说。[9] 他的非常规前沿外交引起了他人的猜忌并惹恼了地区商人，他对战役直言不讳的评价有时让上级长官心生不满。然而，国务卿皮克林甚是欣赏其眼中的伊顿。他看重伊顿是因为他汇报工作一丝不苟，回信效率高，而且有着与生俱来的语言天赋。

1799 年 1 月，新任领事来到北非的第一站阿尔及尔。在那里，奥布莱恩既担任美国总领事的职务，又是阿尔及尔总督的公使。他热烈欢迎他们的到来。卡斯卡特熟悉地区事宜，伊顿又具有丰富的谈判经验，这对奥布莱恩来说可谓是如虎添翼，新条约维护工作更是不在话下。

贵客临门，倒履相迎，奥布莱恩引领卡斯卡特和伊顿参观了阿尔及尔。密密麻麻的街道从海岸线的城堡一直绵延到山丘，俯瞰着地中海，这是一个阳光明媚、海风习习的地方。奥布莱恩向新任总督介绍了他的同事，希望烦恼从此烟消云散，他祝愿两位领事顺利到达新岗位。

奥布莱恩和伊顿所在的城市距离 500 英里，他们开始写信讨论各项外交事宜。奥布莱恩告诫新领事，美国国务院花了几个月时间才做出反馈，他们对巴巴里文化知之甚少；奥布莱恩敦促伊顿忽略其他无关的美国指令，一定要相信他的直觉。不幸的是，他很快就会发现，美国购买的和平要比他想象的更加脆弱。尽管与美利坚合众国已经签署条约，但不是所有的巴巴里统治者都对现在的情况感到满意。

杰斐逊对巴巴里海岸购买的和平深表怀疑，这种怀疑很快就被应验。美国作为主权国家的第一场战争就要打响了。乔治·华盛顿决定，即便购买和平是明智之举，也要继续建造军舰。当巴巴里列强不再信守诺言的时候，真相终会浮出水面。

第三章

"乔治·华盛顿号"的耻辱

我希望别再让我去阿尔及尔运送贡品，除非我接到授权用大炮去运。

——威廉·班布里奇船长
美国海军"乔治·华盛顿号"

地中海在九月的阳光下波光粼粼。威廉·班布里奇遮挡了眼睛，站在"乔治·华盛顿号"的甲板上，这位六英尺高的大汉指挥着美国海军第一艘军舰，尽管在为列强运送贡品，但是心中充满了荣耀。

条约换取了强制性和平，开启了新世纪。但是班布里奇仍然保持警戒。由于"巴巴里列强"很可能会采取任何"针对美国船只的敌对行动"，海军部长亲自下令年轻的船长保持戒备。按照指示，一旦奥布莱恩、卡斯卡特、伊顿的和谈破裂，全船上下立即做好战斗准备。

26 岁的班布里奇留着连鬓胡须，这让他的外形显得格外粗

30

犷。他深知，这将是一次史无前例的航行。美国军舰从来不曾悬挂星条旗穿越直布罗陀海峡。而现在，时至 1800 年，班布里奇身负荣誉，为年轻的美国开辟了新的里程。海上露出的大片礁石让"乔治·华盛顿号"显得如此渺小，就在几天前它穿越了这个远近闻名的海峡，创造了历史。欧洲和北非海岸距离不过九英里，直布罗陀海峡自古以来就传奇无数——因为它连接着地中海与狂野神秘的大西洋西部海域。

临近北非海岸，班布里奇在数周内看到的都是炙热的沙漠，在地图尚未标记的北非大陆上绵延万里。当地人称该地区为马格里布，由巴巴里国家统治。尽管靠近海盗的故乡，但班布里奇没有看到任何美国船只遭受袭击。到目前为止，他的航海日志只记录下两艘英国护卫舰和平地在直布罗陀港口停泊，还有一艘丹麦双桅帆船，所有人都在上面忙着"擦洗甲板。"[1] 巴巴里海盗似乎尊重条约，如果"乔治·华盛顿号"交付了货物，也许会进一步履行条约。

班布里奇船长向阿尔及利亚人运送贡品，履行巴洛和奥布莱恩促成的这笔交易，但运输的方式有所不同。他指挥的是一艘美国海军军舰而不是商船，这样部署并非巧合。因为他要向阿尔及尔行进，军舰的存在被看作是一个强有力的象征。美国海军"乔治·华盛顿号"意在传达美国不再是大西洋西部边缘软弱无能的乌合之众；那里的人民正团结在中央政府的周围，发展繁荣自己的国家，自力更生，并且拥有一支保家卫国、抵御外强的海军。

31

即使班布里奇的军舰没有被当成一个直接威胁，乔治·华盛顿号最起码传达了一个信息，美国人不会永远向敲诈低头。

班布里奇不是一位平庸的船长。他经常处于争议之中。他十几岁时就被雇佣为一艘商船的水手，协助镇压过一场叛乱，在战斗中曾严重负伤。康复以后，这位勇敢的年轻人接到了来自商船的新任务，他在那艘船上狠狠地向一艘大型英国船只开火，造成足够的伤害并迫使敌人投降。1798 年，24 岁的班布里奇加入新成立的美国海军，很快从上尉升职到最高指挥官。然而，在一次不幸遭遇中，他指挥的纵帆船被迫向敌人投降，因为他将一艘强大的 40 炮法国军舰误认为英国护卫舰。

现在，班布里奇的主要任务是向阿尔及尔交付贡品——对于年轻气盛的船长来说这是一个不怎么舒服的任务。他和手下仔细观察过海盗活动，但直到 9 月 17 日抵达阿尔及尔，一切都很平静。班布里奇放松了警惕，因为美国的报告认为阿尔及尔总督还处于友好状态。

当"乔治·华盛顿号"到达港口，阿尔及尔港的船长登上军舰。按照惯例，班布里奇委托他将船驶入浅水区并进入港口。到了晚上，"乔治·华盛顿号"在内港停泊，日志是这样记录的，船员们"觉得一切都很舒适。"[2]

班布里奇船长昂着头。他自信能够站在一个强势地位，忠实地、毋庸置辩地去执行任务。他已经准备好向布巴·穆斯塔法以及他的城市致敬，他期待着在这个行将完成的交易中会充满着彼此的尊重。

如果这样认为，他几乎大错特错。

理查德·奥布莱恩与阿尔及利亚港口引航员一同登上了"乔治·华盛顿号"，他是第一位欢迎班布里奇及其手下的美国人。作为美国驻阿尔及尔总领事，奥布莱恩期盼"乔治·华盛顿号"的到来已经四个月了。他于 5 月 16 日曾上书国务院，紧急请求政府向阿尔及尔缴纳迟迟拖延的贡品。没有贡品的保证，他警告说："我们不能指望维系长久的外交关系。"[3] 如果此话属实，即使交付了贡品，他也不确定能否将和平维持下去。

长期的俘虏生活让奥布莱恩十分清楚这些巴巴里土匪的运作模式。至少从 16 世纪起，海盗就已经将他们的战利品送到国家领导者的金库。一部分赃物被运往君士坦丁堡（今伊斯坦布尔）作为贡品献给伊斯兰教公认的国王——奥斯曼统治者，一小部分属于海盗组织所有，余下的成为当地统治者的财产。

俘虏如同商品一样被买卖。像奥布莱恩和他的船员这样的男人将受当地统治者奴役，或者在拍卖市场卖给商队老板、哈里发和奴隶贩子。一些幸运的俘虏会被高额赎回；少数俘虏还有可能逃跑。不过，最后唯一自由的办法就是成为一名"叛教者"——皈依伊斯兰教，因为《古兰经》禁止穆斯林奴役其他穆斯林信徒。然而，如果一名叛教者在释放后被人发现重返其原有信仰，将会处以死刑。很少人选择去更换信仰，大多数人还是接受了长期的囚禁。

欧洲的水手不是北非市场唯一的奴隶，这其中还有被绑架的俄罗斯和叙利亚女人，他们被当作妻妾买卖或作为礼物送给政治领导人。一些来自撒哈拉沙漠偏远区域的非洲男女，他们皮肤黝黑，也被驼队穿越沙漠运送过来。六岁以上的孩童，不管来自非洲还是东欧，都被卖到浴室作为侍从或者性奴。年轻的男子被强制信仰伊斯兰教，接收训练后守卫苏丹。

对奴隶的处罚会令人毛骨悚然。一些俘虏称，他们亲眼目睹了阉割、刺刑，甚至把冒犯者钩吊在城墙上示众。任何侮辱伊斯兰教的基督徒都会遭受到严厉的酷刑，包括被活活烧死。如果一名基督徒男子被发现与穆斯林女子有染，他可能会被斩首，而女方也会被溺死。假如一名犹太人举手反对穆斯林，那么他的手有可能被砍掉。然而，无论冒犯者的信仰和国籍如何，对其最常见的处罚是鞭刑。

一些幸运的奴隶会被送去做侍从。少部分能够在统治者的大院服务；其他的要么在厨房工作，要么在总督的花园照看植物和野生动物。但无论被分配到哪种岗位，面对的总是艰苦和耻辱的工作——特别是那些来自崇尚自由国度的人们。

虽然大多数前美国俘虏发誓再也不会回到巴巴里海岸，奥布莱恩却一直渴望有机会为政府之间的和平而努力，而他在囚禁期间的待遇也相对不错。可是当班布里奇船长到达阿尔及尔港口时，奥布莱恩却感到了一种从未有过的无能为力。"乔治·华盛顿号"运送的货物只占总督预期的很少一部分，而承诺交付的黄金和白银也迟迟未到。当奥布莱恩解释了事实以后，班布里奇这才明白，他的目的地竟是一个火坑——而且这不仅是炎热、空气干燥和烈日的问题。

身陷囹圄

第二天，"乔治·华盛顿号"船员开始卸载献给总督的贡品，包括橡木板、松木、罐头和钉子桶。由于天气宜人，船员准备去商店采购葡萄、无花果、橘子以及杏仁。他们并不知道外交局势的紧张，以为"乔治·华盛顿号"完成了交付命令，便会很快向费城老家出发。

然而，班布里奇口中的"骄横总督"已经为他们安排了其他计划。

按照惯例，美国船长由奥布莱恩陪伴，请求阿尔及利亚统治者接见，以表示对他们的尊重。当船员在港口卸完货物后，班布里奇船长、奥布莱恩领事与阿尔及利亚的海港大臣在总督的宫殿里会面，汇报美国进献的贡品。总督穿着一身飘逸的长袍，浓茂的胡须遮盖了半张面孔，得知该船未能带来所有承诺的贡金，老态龙钟的总督勃然大怒。

"你给我贡金，"布巴·穆斯塔法声明，"否则你就是我的奴隶。因此，我有权命令你按我说的做。"[4]

愤怒的统治者发布一项命令：他下令"乔治·华盛顿号"必

须带着他的大使和随从前往地中海的另一端君士坦丁堡，也就是奥斯曼帝国的首都，上缴自己快要到期的年贡。

班布里奇犹豫不决。他告诉总督无法完成这项安排，因为他没有义务执行这样的任务。奥布莱恩指出，现有条约规定的是商船为阿尔及利亚的政权履行这些职责，而不是军舰。但即使他们做出反抗，两个美国人都明白他们不得不服从。第二天，奥布莱恩在寄给国务卿的信中承认："为了防止事态恶化，我觉得我们只能做出让步。"[5]

他没有解释为什么"乔治·华盛顿号"不能无视总督，直接启航回家：舰船抵达时，班布里奇相信这是一个安全的港口，初出茅庐的他竟允许阿尔及利亚引航指挥军舰停泊到港口，赤裸裸地面对要塞的大炮，这其实是一次巨大的战术失误。班布里奇考虑缺乏周全，一旦与总督闹僵，他的船将如何驶离？现在是亡羊补牢，为时已晚。"令乔治·华盛顿号"相形见绌的是那里的军事防御，它要面对200门大炮和全副武装的阿尔及利亚舰队。停泊在阿尔及利亚炮台的射程范围之内，"乔治·华盛顿号"寡不敌众，毫无逃生希望。如果班布里奇及其手下试图逃跑，只要总督一声令下，他们很快会被炸成灰。

班布里奇没有其他选择。给海军部送信的唯一方法是依靠地中海的另一艘船，逆西风而上，航行两个月才能到达美国，然后再航行一个月甚至更长时间才能返回。碰上恶劣天气，往返时间可能会更长，而总督是不会白等数月的。肩负着船员的信任和国家的委托，班布里奇必须要自己做出决定。

在接下来的日子里，班布里奇继续争辩说，他无法执行这种侮辱性的要求。这让总督变得更加愤怒。他要求将原先奥布莱恩计算的贡金"增加11万美元的债务"。[6] 摄政统治者加重了他的威胁，警告说，如果班布里奇未能履行使命，将会结束国家之间的友好关系，阿尔及利亚海盗船会再次像过去一样袭击商船。作为曾经被俘的"多芬号"船长，奥布莱恩对这种威胁心知肚明。

班布里奇只能眼睁睁地望着其他船只离开，留在总督的地盘被人摆布。他所做的只有监督航行维修，在航海日志里记录天气和船员的活动情况。在美国人和阿尔及利亚人反反复复争论数周之后，奥布莱恩收到了最后的通牒。他被告知，班布里奇必须服从命令或者率领他的船员投降入狱。奥布莱恩知道，如果拒绝的话，后果将不堪设想：这意味着向阿尔及尔宣战。万般无奈之下，这两位美国人被迫答应了总督的要求。

原本一次骄傲的航行现在却变成了国家的耻辱。班布里奇严肃地向奥布莱恩说："先生，我不得不指出，今天发生的事情让我在反复思考怎样才算独立的美国。"[7]

海上动物园

美国海军"乔治·华盛顿号"的屈辱历程开始了。同意运送大使之后，班布里奇终于懂得了外交随从的概念。这是一次放肆的委派，舰船的设计承载最多为220名船员，而现在竟然要容纳大使、100名侍从，再加上100名非洲俘虏。

"乔治·华盛顿号"变成了一艘奴隶船。

总督还要求不堪重负的军舰为他的君士坦丁堡国王运送礼物，包括4匹马、25头牛、150只羊，还有4只狮子、4只老虎、4头羚羊和12只鹦鹉。[8]

"乔治·华盛顿号"又成了一座海上动物园。

拜总督所赐，出发前的"乔治·华盛顿号"拥挤不堪，到处是嘈杂的喧闹和恶臭的粪便。不过，羞辱还没有结束。总督下令降下美国国旗，升起阿尔及利亚国旗，七次鸣枪行礼。有些美国船员的日志是这样写的："国家耻辱的那一刻，一些同志流下了眼泪。"[9]

"乔治·华盛顿号"在为巴巴里提供渡轮服务。

航行到君士坦丁堡耗时二十三天。当进入开阔水域并远离港口火炮的射程时，班布里奇不顾船上的阿尔及利亚人反对，升起了本国国旗。可是他并没有真正控制自己的军舰，不请自来的乘客要求船舶的航向服从他们的祷告时间。舵手被迫让"乔治·华盛顿号"迎着波涛汹涌的海浪，每天五次向东朝着麦加的方向行进，以表示祈祷者的忠诚。一名穆斯林专门负责观察指南针，以便确保船舶方位的正确性。

虽然美方船员发现这种膜拜的方式有点儿像黑色幽默，但是当前的形势却不容乐观。此次航行既不舒坦也不体面——它只会带来严重的外交影响。当"乔治·华盛顿号"在君士坦丁堡囤满粮仓准备返航时，船长班布里奇坚定地说："我希望别再让我去阿尔及尔运送贡品，除非我接到授权用大炮去运。"

"乔治·华盛顿号"终于回到了美国，美国公众听取汇报后无不感到愤怒。阿尔及尔发生的事情很快便传开了，有些人认为班布里奇的屈服是不可原谅的。许多人认为，美国招惹了魔鬼，需要主动妥协。其他人抱怨说，这么多年我们一直妥协，继续进贡只能换来更多屈辱。那些反对海军的也自以为是，试图证明美国在公海拥有海军只能适得其反。面对海盗劫持，美国"海军乔治·华盛顿号"竟然自身难保。

得知阿尔及尔的事件以后，进驻突尼斯的威廉·伊顿领事立刻致信同行理查德·奥布莱恩，表达他的强烈不满。

历史当铭记，吾国首艘战舰之备竟为贼运。欲一雪前耻，非以血还血。若为吾，宁杀身以成仁，吾当战斗到底，继之以殛！[10]

伊顿担心祖国会对面前的耻辱无动于衷，于是增加了最后一个问题："吾国何时方能醒来？"

第四章

杰斐逊归来

在接下来的 6 个月，我会一直等候总统的回信……
如果那时还没等到……我将宣布正式对美国宣战。

——的黎波里帕夏尤瑟夫·卡拉曼利

1800 年 10 月

当威廉·班布里奇和"乔治·华盛顿号"在国外遭受羞辱时，美国人正焦头烂额地忙于国家第三任总统的选举。经过一番关系到新国家统一的激烈竞争之后，托马斯·杰斐逊击败了他的老朋友约翰·亚当斯，并于 1801 年 3 月 4 日宣布就职。这位老朋友深感失望和愤怒，并没有出席当日的就职典礼。

朋友的疏远和国家的分裂并非杰斐逊一个人的原因。现在，他不得不直面巴巴里列强的问题。十多年来，华盛顿和亚当斯两任总统一直采取避免诉诸武力的政策。但杰斐逊很快明白，这样的时代就要结束了。

40

杰斐逊逐步安顿他的新家，他不知道巴巴里海岸这颗定时炸弹何时会爆炸。在步入国会大厦完成就职典礼之后，这位第三任总统花了两周时间，才将自己的家从出租屋搬进总统室。

杰斐逊在主楼只占用了几个房间，便开始计划白宫的社交生活。华盛顿和亚当斯会每周在宫廷主持一次总统接见会。与他们不同的是，杰斐逊更喜欢小型宴会厅，政府工作可以在亲密的交谈环境中进行。但这都是以后的事情。首先，他需要对国家事务做更充分的了解，处理亚当斯离任后留下的各项事宜。

杰斐逊总统下令，所有信件必须提交其本人审查。仔细阅读亚当斯留下的文件之后，他更加担忧起国家的安全状况。杰斐逊早就知道巴巴里局势十分棘手，但原来并没有感到如此糟糕透顶。现在，他查看了当前与阿尔及尔、的黎波里和突尼斯签署的条约。最后一个条约批准于 1800 年 1 月，承诺每年支付 2 万美元的贡金。令人捉摸不透的还有一项条款，美国船只每次收到"鸣炮礼"之后需要缴纳一桶火药。有着 15 年观察经验的杰斐逊比任何人都清楚这种要求的实质，绝对是包藏祸心。它在警告说，整片区域不过一桶火药而已。

3 月 13 日，来自地中海的一批急件摆在了杰斐逊的眼前。尤其是詹姆斯·卡斯卡特的信件，其中的火药味已经很浓。这封信是在"乔治·华盛顿号"被征用以前写的。卡斯卡特报告说，尽管条约规定在先，"任何一方不得索要更多的贡物或年金"[1]。的黎波里的帕夏却要求增加他的年贡。卡斯卡特称，无论谁担任统治者，事情都如出一辙。

杰斐逊一页页地读下去，卡斯卡特那漫长又详尽的信件让他越来越感到不安。帕夏的高调言论明摆着是一种威胁。"让你的政府给我一笔钱，我就会满意——你可以选择直接上缴或者谋求另一种方式。"帕夏给出了六个月的期限，如果到期之后没有满足他的要求，"我将对美国……宣战。"而这六个月很快就要到期了。

杰斐逊还发现了突尼斯领事威廉·伊顿的一封信。伊顿感到软弱的和平不会持续太长，他曾请求亚当斯政府展示一下海军实力。他提议派遣三艘美国最厉害的军舰前往的黎波里。在那里，他将邀请帕夏赴宴，向他展示美国的实力。宴请之后，他打算指着大炮说："看看我们的总统为保障和平而做的努力吧。"[2]伊顿解释说，如果计划成功，帕夏的宣战可能会被吓退。

不幸的是，亚当斯任期的最后一次行动就是签署法案缩减美国海军。杰斐逊一定十分同情伊顿，他的计划与杰斐逊早年想的很相似，可是现在只能派遣很少的军舰。杰斐逊没有足够的海军力量让美国宣战。

几个星期后，他终于明白这次已经没有了权衡选择的机会。美国海军"乔治·华盛顿号"于4月19日停靠费城码头。结束君士坦丁堡的羞辱之旅后，威廉·班布里奇和他的船员忍受着冬季返航的折磨。他们在风雨飘摇的大西洋上度过了两个半月，是正常航行时间的两倍。尽管如此，漫长的旅行和刺骨的寒风也没有减轻班布里奇炽热的愤怒。登上陆地后，他立即奔赴首都，向总统汇报事情的来龙去脉。

整个华盛顿充满了对班布里奇的埋怨声，有人讥讽地说，他也太轻易向总督的条件投降了。但船长却从总统杰斐逊那里听到了不同的声音。杰斐逊对该地区的问题十分清楚，更倾向于认同班布里奇所处的困境。在亲耳听到班布里奇的汇报后，总统认清了事实并表扬班布里奇"身处异常险境却能履行职责，干练而明智地处理问题"。[3] 他打算进一步奖励做出贡献的船长——或许他会回到巴巴里海岸，这一次指挥的不是一艘改装商船而是更厉害的军舰。

不过，杰斐逊首先需要召集内阁。他要确保他们能够通过这个在脑海里已经成型的计划——这是一个关系到向巴巴里列强投降还是发动一场全面战争的计划。

杰斐逊原本希望四月底在华盛顿召集他的内阁，但直到五月中旬才召集完毕。华盛顿主流报纸《国家邮讯报》和《每日广告报》刚在四天前宣布全国处于和平状态，不过杰斐逊和他的顾问们心里更为清楚。巴巴里海岸的局势要求采取行动，虽然每个人都明白美国是最没有资格对抗海盗的国家，它那小小的海军刚刚坐稳屁股就被缩减。

在首次内阁会议上，杰斐逊大胆地质问其顾问："我们应该下令诺福克舰队去地中海巡航吗?"[4]

内阁的绅士们立即意识到了该问题的广义含义:他们要回答的问题是,未经国会许可的前提下,能否让总统授权采取军事行动。

面对内阁的回答,杰斐逊按照他的习惯做法,记录下了每名官员发表的意见。

财政部长艾伯特·加勒廷表示:"总统不能让我们陷入战争。"不过,他补充说,无论是国会宣布战争或是被他国卷入战争,在战争的情况下,"公众力量的指挥和领导权属于总统"。

司法部长列维·林肯更为谨慎地说:"我们的部队可能会击退一轮攻击,"他说,"可是击退后,可能无法继续摧毁敌人的船只。"

国防部长亨利·迪尔伯恩表达了乐观的看法。"远征军应大胆前进,保护我们的商业不受的黎波里的战争威胁。"他提出,国务卿麦迪逊表示同意。

经过深入讨论之后,内阁一致认为:舰队将以维护和平为目的被派往地中海,而不是蓄意发动战争。[5]杰斐逊和他的内阁抱着一线希望,希望巴巴里列强做法明智,希望他们意识到美国为物资和公民的安全采取了严厉的保护措施,希望他们能够从冲突中让步。

理查德·戴尔,由乔治·华盛顿任命的原美国海军上校,被总统委任指挥舰队。他将随身携带杰斐逊总统的致函,亲手交给的黎波里的领导人；在信中，杰斐逊为"永恒的友谊"提供了多重保障。

杰斐逊言辞谨慎，避免在信中使用如"战船"等带有刺激色彩的词语。他建议帕夏："我们认为权宜之计是派我们的'观察舰队'进入地中海。"不过，细心的读者会发现，这里话中有话：美国人不欣赏巴巴里海岸对他们船只的所作所为，但他们还没有准备好发动战争。运气好的话，干脆让穆斯林领导人知道他们已经被舰队盯上了，这将足够说服他们。

"我们希望我们的军舰的出现不会给任何国家带来不愉快，"杰斐逊在信中继续说，"因为——我们的意思是，我们的商业在每一片海域都依靠我们自身的力量和勇气——我们已经对该舰队下达了严格的命令，他们将以最完美的尊重和秩序面对所有友好国家。"

杰斐逊总统只能期望他的和平言辞，伴随着适度的实力展示，去打消的黎波里帕夏脑海里舞动着的战争念头。

第五章

倒下的旗帜

当前的事实不容置疑。帕夏的海盗船实际上已经出发，准备袭击美国人。

——威廉·伊顿致国务卿

1801 年 4 月 10 日

当杰斐逊和他的内阁准备回击巴巴里的挑衅时，詹姆斯·卡斯卡特却没有收到任何外交指令。1800 年 10 月，他曾上书华盛顿，描述了的黎波里帕夏尤瑟夫·卡拉曼利的战争威胁。他坐立不安地等候了近六个月，却没有收到任何指令。他甚至不知道是谁赢得了总统选举。总而言之，卡斯卡特一直在孤军奋斗。

在过去的几个月中，帕夏不断地对美国进行威逼利诱。他告诉卡斯卡特，他和他的人民希望和平，但拒绝讨论合法有效的现有条约。无论帕夏在过去同意过什么，他现在只想赤裸裸地索取更多。他首先要求了一船又一船的礼品——他指出，其他政权从他们的条约中取得了更多利益，尤其是阿尔及尔。现在，他也坚持做进一步考虑。帕夏向美国索取巨额贡金，22.5 万美元才是定金而已，这远远超过了卡斯卡特可以提供的或者美国财政能够负担的金额。他在索取方面简直是厚颜无耻，就在乔治·华盛顿去世时，他曾大言不惭地额外索要 1 万美元的贡金。总之，帕夏的做法与乔尔·巴洛早年预计的完全一致。这位的黎波里统治者竟然赞成"公然蔑视每条诚信原则，比任何巴巴里王子做的都要过分"[1]。在美国人心中，他是一个恶贯满盈的混蛋。

卡斯卡特越来越惶恐不安。1801 年 2 月 21 日，他写信告知其他领事。"我深信，的黎波里的帕夏，"他警告说，"将在 60 天内开始对美国采取敌对行动。"[2]

他并不是杞人忧天。1801 年 5 月 11 日，也就是三个月后，他的担忧得到了证实。

在那个星期一的傍晚六点，一位摄政使者来到了的黎波里美国领事馆。当造访者被领进的那一刻，卡斯科特立即认出他是帕夏尤瑟夫最敬重的顾问。卡斯卡特使劲浑身解数热心地招呼着他。他尽可能地对帕夏的游戏保持耐心态度，可是他的耐心正被面具下的侵略消磨殆尽。

这一次，帕夏的使者全然没有假装和平。他传达了他的消息："帕夏派我来通知你，他已宣布对美国发动战争，并在 14 号的下周四撤掉你的旗帜。"[3]

帕夏过去做出过许多威胁，但卡斯卡特知道这次是动了真格。的黎波里的战船已经摆出了一副挑衅姿态，它们在表示向敌国宣战的战旗位置上升起了美国国旗。这回，卡斯卡特再也不能缓和局势。

他的直觉告诉他，他必须离开；他知道帕夏会把他驱逐出境。不过，卡斯卡特已经适应了这座杂草丛生的村庄，它从海上升起，长长的码头正远远地伸向海港。城市四周被围墙环绕，水泄不通的石房之上，清真寺的尖塔依稀可见，这里就是他的家。即使是位于城市之巅的帕夏的迷宫宫殿，某种程度上也让他感到了一丝亲切。

虽然他永远是一个外乡人，卡斯卡特却懂得这个世界。他曾盘腿而坐与帕夏共宴。他能凭借气味分辨出城市的几个主要广场，那里有浓郁的咖啡香和弥漫的烟草味。他能听出骆驼带着挽具拉动面粉碾轴的声音。如果不受欢迎，看到为主人扇着风，驱赶苍蝇的奴隶会觉得熟悉。不管喜欢与否，这座城市已经成为了他生活的一部分。而现在，正如他所担心的那样，他马上会遭人唾弃。

卡斯卡特克制着脾气，尽量不露出悲伤，他礼貌地答复了帕夏的使者，他知道愤怒的回答只会危及妻子和年幼的女儿，还有他的外交人员。没有政府的指令，他没有权力做任何事情。即使他明白新总统的意思，也不可能及时得到军事援助。因此，卡斯卡特确认收到了宣战声明，并称他会租赁一艘船，尽快离开城市。在此期间，他将留在领事馆见证官方第一次军事行动。

的黎波里的悲喜闹剧

三日后，帕夏实施了他的第一次威胁。1801 年 5 月 14 日，他派手下来到美国领事馆；士兵到达的时间是周四下午一点钟。

卡斯卡特已经准备好为和平做最后一次报价，然而破镜难圆，大势已去。他走到部队指挥官（帕夏的战争部长）面前，告诉他能够承诺 1 万美元的贡金，请向总督转达。于是，一名通讯兵向城堡赶去，几分钟后便赶了回来。帕夏拒绝了这次报价。

卡斯卡特知道任何外交尝试都已徒劳无用，也不可能通过武力阻止帕夏的手下。无助的他只能站在周四火辣的阳光之下，任凭的黎波里士兵劈砍着国家的旗帜。

帕夏的手下士气高涨，欢呼雀跃地挥动着手中的斧头，可是让他们沮丧的是，砍倒旗杆实属不易。木屑掉得满地都是，可旗杆硬是不肯倒下。仿佛是为了嘲笑那些士兵，美国国旗在斧头的砍声中迎风飘扬，而它的国民正在站立致敬。一次羞辱美国人的行动却很快让的黎波里人颜面扫地。

帕夏已下令，如果他的手下无法砍倒旗杆，他们应拉动固定在旗杆顶端的旗绳升降索。他觉得这样做也许能将旗杆扯断。可令人失望的是，这种方法也没能奏效，有弹力的旗杆仍然屹立不倒。事实证明了那些羞辱国旗的人是多么地无能。

一个多小时过去了，的黎波里士兵终于把旗杆弄断，不过刚好靠在了领事馆的房子上。在一旁观看的美国外交人员都被这出闹剧悄悄地逗乐了。后来，卡斯卡特在给国务卿詹姆斯·麦迪逊写信时，讽刺地记录下整个事件：

两点一刻，他们实现了伟大的成就，把我们的旗杆从离地6英尺的位置砍得左歪右晃，最后向左倾斜在天台上……至此结束了第一场悲剧。[4]

战争告急

十天之后，卡斯卡特与妻子、女儿在的黎波里港口登上了一艘波拉卡，这是他从港口租来的一艘小型三桅帆船。他将领事馆事务托付给丹麦总领事尼古拉斯·尼森照看。卡斯卡特明确表示，请向任何被的黎波里俘虏的美国水手提供生活费和医疗护理。尼森答应说，如果美国船只被俘获，他将在力所能及的范围尽可能满足这些需求。[5]

过了三日，卡斯卡特逃难的一家在马耳他着陆。在那里，他给美国政府写信，希望能派一艘船接他们回家。他依然不知道谁是总统或者美国当时的政治气候如何。他只能猜想美国收到文件后会是怎样的反应。

把国家的事情处理好之后，卡斯卡特的船再次起航，前往意大利的里窝那市。然而，这位已经沦为前任领事的卡斯卡特又遭受了另一番不幸。离开西西里海岸，他与一股巴巴里海盗势力撞

50

了个正着，这是一艘被海盗掌管的小型突尼斯船。虽然他们摔坏了他的"皮箱"，但卡斯卡特拿出的凭证得到了海盗的认可。这些不速之客享用着他的酒和食物。卡斯卡特太太和女儿被那些挥着马刀的男人吓坏了，但他们只是使用刀具而已。卡斯卡特汇报说："他们没有伤害任何人的意向，只是用刀把搜刮来的物品砍去缠绕物或者捆绳而已。"[6]

海盗弄坏了船上的指南针，卡斯卡特和船长不得不又粘又涂蜡，修理"一只破旧却还有磁性的指南针"。不过，修理好的指南针指引效果还不错，卡斯卡特的船从离开的黎波里到抵达里窝那花了九天的时间。然而，到达目的地之后又被侮辱了一次：他们需要接受二十五天的检疫，以确保他们在接触突尼斯人后没有感染天花或其他疾病。

当他们从意大利上岸之后，卡斯卡特终于得知杰斐逊选举的消息。他在写给麦迪逊的信中转达对新总统的祝贺，而那时的麦迪逊和杰斐逊都没有得知数星期以前的黎波里宣战的事情。等杰斐逊知道的黎波里的进攻以后，已经来不及救助卡斯卡特，因为他那时早已起航回家。不过，多亏杰斐逊有先见之明，美国军舰已被派往巴巴里海岸。虽然他们未被授权攻击巴巴里船只，但能够保护美国利益不再遭受侵害，并封锁巴巴里港口，而且以其人之道还治其人之身，挤兑的黎波里经济。两国都清楚国家关系已经到达临界点，可双方都不知道对方已经采取了行动。

第六章

第一舰队

我希望下次有机会给您写信时，能荣幸地通知您，我方军舰已经俘获了几艘的黎波里海盗船。

——理查德·戴尔致海军部长

1801 年 7 月 19 日

距离卡斯卡特的断裂旗杆尚有一洋之隔，杰斐逊的 4 艘战舰启航了。旗舰是"总统号"，由理查德·戴尔舰长指挥。"费城号"和"埃塞克斯号"分别由塞缪尔·巴伦和威廉·班布里奇指挥，为旗舰提供火力支援。第四艘是改装的纵帆船"企业号"，船长为安德鲁·斯特瑞特上尉。虽然数量上比较保守，但由于新的设计，新舰队出奇地强大。因为美国造船技术的创新，美国护卫舰的速度能够超过体积更大的船只，而且抵抗海浪的能力更强。

新增的四艘军舰搭载着年轻的美国海军陆战队，后者于 1798 年美国海军成立时，经亚当斯总统下令重新组建。海军陆战队的士兵战斗经验丰富，这对登船行动和陆地出征非常重要，一旦发生船员暴动，他们同样起到了保护军舰长官的作用。虽然有时有点傲慢和鲁莽，但这些战士的英勇无畏让他们名声在外。一旦戴尔的舰船遭遇海盗或需要陆地保护时，他们的存在便发挥了宝贵作用。

补给完毕后，戴尔的舰队于 1801 年 6 月 2 日向直布罗陀海峡起航。美国海岸才消失在视界里不久，他们便遇到了惊涛骇浪。旋转的风暴让出海的前十天异常难熬，东风和暴雨猛烈冲击着船只。作为四艘军舰中最新的一艘，"总统号"仅经历了寥寥数月的试航，风暴啃噬着船身每一处的瑕疵。饱受大海无情的肆虐，很快雨水夹杂着海水便从甲板的接缝处渗透进来。船员们对潮湿的生活感到不快，还有许多人开始晕船。但她是一艘好船，从她的三个高耸的桅杆顶部一直到船身都是好样的。几场暴风雨天气并不能阻碍美国海军"总统号"到达她的目的地——地中海。

杰斐逊的指挥官们

"总统号"的指挥官也堪称人中豪杰。理查德·戴尔年近四十五岁，身体发福，有着一双慈祥的眼睛和一头灰发，这样的外观让他下命令时看起来十分稳重有经验。他十二岁就当了水手，第一次横渡大西洋是乘坐叔叔的商船。凭借努力，他在十七岁时便当上了大副。

在美国独立战争期间，戴尔曾担任约翰·保罗·琼斯的副指挥官，指挥的是一艘改装法国商船——美国海军"好人理查德号"。与英国海军作战期间，趁着月色，他只用了一根荡绳便成为了第一个登上英国皇家海军"塞拉皮斯号"的美国水手，这一勇敢的举动让他声名鹊起。战争结束后，他开始了较为安静的生活，与中国和印度做着红火的生意。然而，当美国海军被重新启用后，戴尔毅然接受了华盛顿总统的提名，回归大海加入了首批海军舰长的行列。是责任感让他登上美国军舰，海军准将戴尔亲身体会到保护美国商船不被俘获的必要性——因为他本人曾在独立革命时期被英国监禁。

班布里奇船长指挥"埃塞克斯号"，被命令再次回到那个让他与"总统号"饱受羞辱的地方，他现在脑海里只有报仇雪恨。而"埃塞克斯号"的年轻水手们动机也很单纯，他们渴望去冒险。斯蒂芬·迪凯特上尉也是其中之一。

有时，命运会对一个人微笑，以神秘的方式赋予他英俊的面孔、迷人的性格和完美的机遇。斯蒂芬·迪凯特头发乌黑卷曲，眼睛炯炯有神，当他走进一个房间时，他的洒脱不羁会让许多女人倾慕，而他那悍然无畏的勇敢和强烈的荣誉感又让他格外出众。

有一次，一名英国商人侮辱迪凯特和美国海军，迪凯特向他单挑决斗。他知道自己的枪法要远远胜过对手，并向一位朋友保证他只会朝对方腿部开枪，只是弄点轻伤还以颜色。决斗的结果和迪凯特设想的一样。那名英国人一发也没打中，而迪凯特的子弹击中了他的臀部，而不是心脏。迪凯特安然无恙，而且赢得了骄傲。他不想杀害那名英国人，但也不能让诽谤肆意传播。侮辱美国海军就是侮辱迪凯特，侮辱他的国家和家人。

　　从迪凯特记事起，大海就成了他生活的一部分。他的父亲老迪凯特曾在独立战争时期担任海军上尉，之后成为了一名成功的商人。沿用父亲名字的迪凯特八岁时患上了百日咳，医生推荐他呼吸海洋空气，帮助肺部的恢复。于是，他加入了父亲的下一次航行。从欧洲返回时，小迪凯特被治愈了，却又深深地迷上了航海生活。尽管母亲最希望他将来做一名牧师，但他在离开大学一年后便开始了海军生涯。

　　即使面对1801年6月的风暴天气，迪凯特上尉依然觉得这次任务的垂青让他成为了最幸运的人。护卫舰迎着海浪的撞击发出咯吱咯吱的声音，仿佛是在低语着胜利的到来。湿咸的空气充盈着呼吸，让迪凯特整个人感到神清气爽，一股简单的自豪感从心底油然而生——他是一名脱离旧世界和昔日联盟的美国人，向往的是理想和自由。他为祖国军舰而自豪。虽然"埃塞克斯号"比"总统号"要小，但船上配备的三十多门大炮让他感到无比骄傲。

　　虽然他和四艘军舰的所有船员都不清楚的黎波里酝酿的阴谋，但他们也有自己的疑虑。为了应对敌对行动，戴尔准将向班布里奇做出指示。戴尔说，"埃塞克斯号"穿过大西洋后应独立行动，班布里奇、迪凯特及其手下应前往直布罗陀海峡。如果他们发现巴巴里列强已经宣战，他们应等候五日。如果剩余的军舰未能到达，班布里奇应通过美国领事给戴尔留言，然后继续向地中海行进并为美国商船护航。如果没有宣战，"埃塞克斯号"要在出发之前等待其他军舰二十日，在每个停靠港留下一封信，以便戴尔能够掌握她的行踪。

戴尔还对其他各项事宜做了详细的指示，他强调礼仪、举止要得体大方，战斗时要临危不惧。准将的指示非常适合年轻的迪凯特上尉。他英俊自信而又勇敢无畏。他即将踏上神圣的旅行，带着祖国的荣耀奔赴曾经梦想访问的异国他乡。如果那里是和平，则让它长存；如果那里有战争，就让它速战速决——让英勇在战争的狂热中展示发挥吧，为他的国家带来荣誉、尊严和胜利。无论巴巴里海岸是何局势，斯蒂芬·迪凯特确定，这将是一次伟大的冒险。

迎战规则

舰队迎风破浪前行，戴尔准将下令船员开始炮火演习。每名船员各司其职，命令在空气中传播开来——"火炮就位"……"取下炮栓"……"装弹"……"瞄准目标"……"发射"。随着震耳欲聋的轰鸣声，炮弹击中了前方数百码的位置，随后消失在激起的浪花之中。

各位船长都在训练着自己的手下，不管是老兵还是新兵，都在积极应对巴巴里海岸潜在的战争。面对敌军战舰的到来，这里没有后方可言。攻击巴巴里船会让他们改变登船的策略。因此，面对巴巴里的攻击，最好的防守是使用炮击让海盗却步。

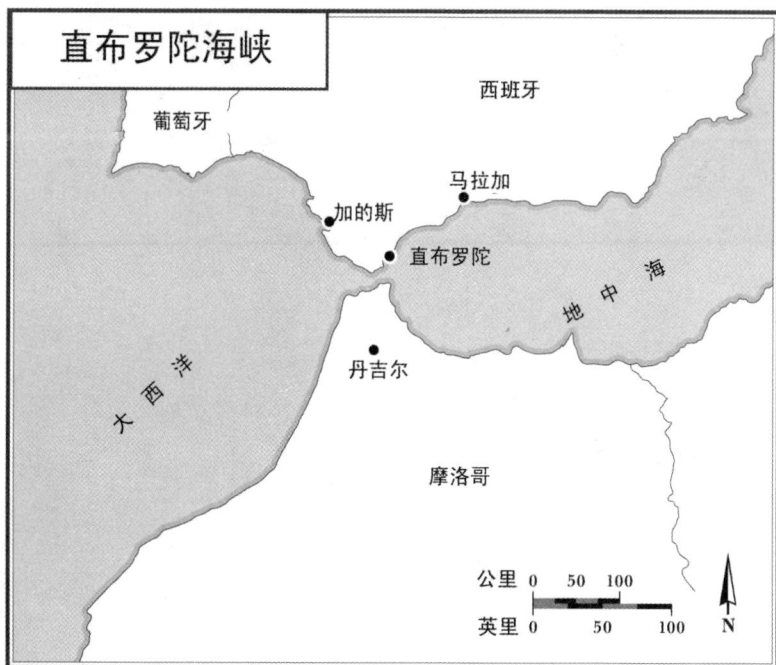

直布罗陀海峡

西班牙

葡萄牙

马拉加

加的斯

直布罗陀

地中海

大西洋

丹吉尔

摩洛哥

公里 0　50　100

英里 0　　50　　100

N

不过，让戴尔无奈的是，他只是被授权做好防守任务。两个月前，杰斐逊在内阁辩论中迟迟没有宣布他具有对外宣战的宪法权。他通过海军部长向戴尔准将及各舰长清楚地下达了一系列命令。"在前往马耳他的途中，万一遭遇任何的黎波里海盗船，"戴尔写道，"……你应击败其所有火力，切断桅杆，让他们能够退回港口就可以。"[1]美国军舰不得俘获任何巴巴里船只。他们可以对敌船还以颜色，但不俘虏任何船员，击退敌人即可。

幸运的是，在横跨大西洋的航行中，美国大炮只是在演习时才被使用。美国海军"总统号"于 7 月 2 日驶进直布罗陀海峡，威风凛凛的护卫舰由轻巧的"费城号"和"埃塞克斯号"军舰伴随左右。第四艘军舰"企业号"先到一步，朝她致敬。北美海岸的惊涛骇浪减缓了企业号的行进速度，却没有阻碍整个舰队的航行，准将戴尔允许这艘单桅帆船稍做休整。不过，天气一经放晴，斯特瑞特上尉立刻向直布罗陀加速行进，最后用了五天的时间赶超了其他军舰。

比起欧洲大型海军的标准配备，美国舰队肯定稍逊一筹，但这四艘军舰却给外邦留下了深刻的印象。虽然他们能否争取到和平尚不得而知，但美国舰队在地中海港口停泊，这在历史上还是第一次。

港口的海盗

到达直布罗陀海峡之后，理查德·戴尔准将的首要任务是查明巴巴里脆弱的和平局势。可首先，他考虑的是驶入港口。

海港比往常都要空闲。直布罗陀是英国皇家海军基地的大本营，可现在所有英国军舰都在忙于同拿破仑的战争，倾巢出动，封锁法国和西班牙军队。美国不愿意卷入这场战争。看到"企业号"在空空如也的港口中停泊，戴尔这才松了口气，斯特瑞特上尉和他的手下已经安全到达，没有受到一丝伤害。美国舰队团聚了。

正当接近"企业号"时，戴尔的目光被停泊在附近的另一艘船所吸引。这艘船不同于他见过的任何船只。

船尾吃水很浅，颜色艳丽的船体吸引了戴尔的注意。"总统号"慢慢接近，戴尔看到的是一艘黄色双桅帆船，船身布满白色条纹，装备了大量火炮。用望远镜仔细一看，这艘船被重重把守，而且船员比同等体积船只配备的要多。

他还发现这艘船并不孤单，一艘较小的十四炮双桅帆船陪伴着她。两艘船都精致地涂上了花彩，较大一艘的图饰令人不安：一名女人的首级悬挂在甲板之上。

戴尔立刻意识到，这些都是海盗船，很可能来自的黎波里。

巴巴里船的出现使戴尔感到不安，但他并不惧怕交战。无论战争到来与否，他知道双方都不会在一个中立港口内开火。即使这两个涂抹艳丽的小丑想做愚蠢的尝试，也敌不过戴尔的火力。

军舰缓缓驶入停泊处，戴尔观察着较大的一艘。它的船名叫作梅舒达，另一艘双桅帆船的名字不得而知。海港的潮水轻轻地摇晃着船身，等待戴尔进一步揭开谜底。的黎波里这支小舰队的指挥官心里十分清楚两国是否处于交战状态。

戴尔准将认为他要做的就是询问。不过，这还要看海盗能否直接给他答复。

"梅舒达号"似乎对美国人来说十分眼熟,因为她曾是一艘名叫"贝齐"的美国船,五年前被的黎波里海盗俘获。她的船员曾经沦为奴隶,但很快被释放,只有一位除外。

当其他船员被释放回国时,一名水手选择了与船共伴。出生在珀斯的苏格兰港,满头金发的大胡子彼得·莱尔已经变成了叛徒。

他在早年航海中学到一口流利的阿拉伯语,凭借着语言优势,他很快改信伊斯兰教,抛弃了基督教姓名。为了表示对奥斯曼帝国海军上将穆拉特·莱斯的敬仰,他沿用了他的名字。久而久之,以莱斯为名的彼得·莱尔赢得了帕夏的信任,甚至与其女儿结婚。他放弃对自己国王和国家的忠诚,成为了一名可怕而狡猾的海盗,他现在是的黎波里舰队旗舰"贝齐号"的船长。

1801 年 6 月 29 日,莱斯及其手下抵达直布罗陀,他们没有心思对付"企业号",而是在港口待了三天。然而,7 月 1 日直布罗陀的三位美国护卫舰的出现意味着麻烦的到来。莱斯知道他的国家已经对美国宣战,而美国人是否察觉到了战争,他并不知道。

莱斯意识到这些高大的军舰并非是对旗杆事件的直接回应;消息可能还没有及时到达美国海岸,激起这支舰队的派遣。然而,随着战争谣言在直布罗陀的大街小巷迅速散播,莱斯想知道这些巨大的战船是如何快速得知他们的公民和国旗遭受了侮辱和玷污。如果美国政府尚未意识到的黎波里已对其宣战,那么这些军舰为什么要抵达地中海水域?

望着在港口停泊戒备的美国海军，这位舰队司令穆拉特·莱斯想出了一个计划。如果美国人找到他，他会假装一无所知，而美国人肯定会这样做。他可不想给他们通风报信。

扑朔迷离

在接近海盗船询问和平事宜之前，戴尔决定先向友方索取信息。美国驻直布罗陀领事登上甲板欢迎舰队，但他也没有最新消息。出于礼节，戴尔上岸后会见英国总督，总督证实了"梅舒达号"的忠诚和历史，但对于是否宣战他也无从而知。[2]

于是，戴尔不得不询问这位海盗首领及其 392 名手下。

"梅舒达号"和双桅帆船目前正处于检疫状态（直布罗陀卫生处要确定他们没有携带疾病），但戴尔还是近距离接近他们。身材魁梧的戴尔用扩音器向穆拉特·莱斯喊话。"准将对海盗司令喊话，"美国领事记录下了当时的交流过程，"贵邦是对美利坚合众国宣战还是保持和平？"[3]

穆拉特·莱斯从"梅舒达号"的甲板上用标准英语说——他们正和平相处。

满腹疑虑的戴尔尝试另一种策略。他问道，当卡斯卡特离开的黎波里时，美国人安好？

得到的答复令人惊讶。莱斯说卡斯卡特在两星期前便离开了的黎波里。

为什么？

莱斯回应说，因为卡斯卡特"不再是美国人的朋友"。

听到这段奇怪的消息后，戴尔无法做出任何判断。这场喊话让戴尔比之前更加摸不着头脑。

对于穆拉特·莱斯来说，他并不认为戴尔轻易会被他误导，而多年在马格里布的经验教会了他欺骗的艺术。他的第二故乡是一个让人觉得应该在水果市场讨价还价的地方。就算购买一兜无花果，也要上演一出充斥着愤怒、拒绝、接受的小把戏。当谈到盛大的外交仪式时，重要的是双方要表现得像老朋友一样，首先考虑的是对方的舒适度和放心感。直入主题是非常粗鲁无礼的，甚至会非常危险。如果与美国人交流一开始便承认宣战问题，那还不如直接投降。

对于戴尔来说，如果消息是从镇上听到的而不是从穆拉特·莱斯口中得知，他会很快做出决定。他要对杰斐逊和海军部长负责，确保地中海美国船只的安全，戴尔不会轻信他人的一席之言。然而，他不得不凭借收集的零星线索和完美的直觉去判断。"根据我从的黎波里得到的每条消息判断，的黎波里正在与美国宣战。"他报告说。这意味着他不得不采取行动。

他开始发号施令。他让"埃塞克斯号"护送"大特克号"商船向突尼斯行进。"大特克"号商船装满了松脂用品以及其他贡品，这是因为美国现在还要与其他巴巴里国家保持稳定关系。

戴尔了解到，二十多艘美国商船正在巴塞罗那附近等候护卫舰的到来，同样，许多南欧海岸的商人也在其他港口聚集。他命令班布里奇完成突尼斯的使命之后，率领"埃塞克斯号"尽可能护送更多的船只离开直布罗陀海峡，保护他们免受海盗巡洋舰的袭击。戴尔希望，当那些自称海盗的不法分子从船上整齐列队的炮门中看到几十门大炮时，会吓得屁滚尿流，放弃挑战美国海军的所有念头。

戴尔给"企业号"的斯特瑞特上尉写了命令信。纵帆船的任务是跟随总统号，传达杰斐逊总统致阿尔及尔和突尼斯的公函。戴尔将在抵达最终目的地以前去上述地区出席外交事务，会见的黎波里的统治者。

准将为舰队的第四艘船制订了一份特殊的任务计划。他看清了臭名昭著的莱斯的诡计，决定务必阻止"梅舒达号"航行。他命令"费城号"船长巴伦在直布罗陀一带游弋。"在港口休息并监视他的一举一动（凭借你良好的判断力行动），当他出来的时候干掉他。"⁴他警告说，美国护卫舰不得跟太近，否则会被认为是在封锁英国管辖的领土。如果形势允许，可以将穆拉特·莱斯那罪恶滔天的舰队送上西天。

7月4日，戴尔向巴巴里海岸起航，将的黎波里的黄色旗舰抛在了身后。直布罗陀海港的天然防护为他观察莱斯提供了完美的场所，"费城号"的跟踪和她那强大炮火的威慑力让海盗望而却步，保持的距离与戴尔想要的一致。与此同时，其他美舰将尽全力恢复的黎波里的和平以及与其他巴巴里国家的救助关系。

第七章

海上冲突

> 我很荣幸地通知您，8月1日，我军遭遇一艘的黎
> 波里军舰，"的黎波里号"。随着一枪令下，战斗开
> 始……
>
> ——安德鲁·斯特瑞特上尉致理查德·戴尔准将
>
> 1801年8月6日

杰斐逊希望，即使他们未被授权发动全面战争，四艘美国军舰也能为美利坚合众国赢得新的尊重。舰队令人瞩目，船长英勇无畏，可是这四艘军舰能否让海盗刮目相看，巴巴里国家能否在谦逊的军力展示之下做出让步，这是一件更为重要的问题，而这种军力展示最初也没有得到确切的定论。

7月9日，"总统号"和"企业号"顺着潮汐驶入了阿尔及尔港口，理查德·奥布莱恩热泪盈眶地迎接他的美国同胞。随后，他代表戴尔致函总督，"对阁下的威严和高贵致以深深的敬意"。信中还用微妙而清晰的语言解释了他们的使命：这些军舰

64

只会"监管（美国）商业的安全"[1]。看到美国军舰的所有人都目睹了船上装备的数门大炮，可是戴尔还是谨慎行动，避免无端产生威胁。

两天后，两艘船起锚向突尼斯航行，在那里准将戴尔会找到和他志趣相投的人——威廉·伊顿。

心智相投

看到戴尔的军舰驶入港口，美国领事感到万分欣慰。伊顿不久便给家里写信说："美国和巴巴里的历史开启了新纪元。"[2] 经过几日的会见，伊顿领事和戴尔准将一致认为，美国必须迎战——这是唯一的办法。一定要有人对抗怀有敌意的巴巴里列强。不过，他们的想法却被命令所限制。

在国家利益的感召下，伊顿日渐强大的信仰激发了其外交使命上的责任感和义务感，而长期的压迫经历形成了他的好斗性格。从 1799 年初抵达地中海开始，他对总督的暴政日益感到愤怒，心中的怒火在接下来两年半的时间内久久未能平息。

抵达突尼斯后，他被总督传唤到住处会面。他走进统治者蜿蜒幽深的宫殿，穿过令人晕头转向的高塔迷宫、走廊和庭院。伊顿由奥布莱恩、卡斯卡特领事和几名舰队船长陪同，他们被领进了一个狭小、类似洞穴般的房间。房间约高八英尺，破碎的灯光从窗户的铁格栅中透射进来。那些人光头赤脚，笨拙地把自己装扮成"一只硕大的、毛发蓬松的野兽",伊顿写道,"他一屁股坐在矮板凳上,凳子上面覆盖着一只绣花丝绒垫,然后收起他的后腿。"[3]

总督本人的样子就是这样,他会懒洋洋地"伸出他的爪子,像是在要东西吃"。

伊顿不知所措,直到一名仆人吆喝道:"亲吻总督的双手!"奥布莱恩被迫这样做了,其他人也不例外。这个姿势好像让总督感到很满意,正如伊顿描述的那样:"这只动物在那一刻似乎不会伤人:它咧开嘴笑了几次,但只发出了很小的声音。"

后来,愤怒的伊顿在日志中抱怨:"你们相信供奉这只高贵畜生的都有谁吗?七位欧洲国王、两个共和国、一个大陆。它的整个海军力量竟然还不及两队战舰?"[4]

那次会面结束后,伊顿在空闲时会观察他的新家,或是去迦太基遗址进一步了解这个国家。他开始关心起这个与他的故乡康涅狄格完全不同的陌生国度。"这个海上王国生来富饶,她的美丽妙不可言,"他记录说,"罗马人在这儿生活也会感到一种奢侈。"[5]他详细描述了突尼斯人民的着装举止,指出他们穿着"短夹克、类似水手穿的东西,没有袖子,绣有金边,边缘和两侧装饰着各种图案。"他羡慕那些亚麻细布和丝绸腰带,使用他们可以佩剑和长枪。

虽然那里的人们饱经恶劣天气和地方统治的折磨,但他们让伊顿想起了故乡的同胞。他给美国的妻子回信说:"社会压迫和宗教暴政双双奴役着他们。"[6] 在给皮克林的信中，他评论突尼斯的公民"渴望得到原始的豁达、自由的空气，羡慕我们的子民在这样自由的沃土上成长"。[7]

面对日益遭受压迫的突尼斯人，伊顿在那里工作的时间越长，他对总督的愤怒就越多。即使他在那里居住了多年，他仍然对巴巴里列强感到恐惧，他们不仅仅向他的总统（总督称其为"美国王子"）索要贡品，而且还将魔掌伸向了世界的其他地方。令他更加气愤的是，欧洲国家竟然容忍海盗在国际海域肆无忌惮。在伊顿的脑海中，向残暴势力低头就是给美国荣誉抹黑，而如今他收到的命令仍然是以和平为目的。

言语警告

意料之中的是，突尼斯人以各种索要回应了戴尔的问候。几个月前，阿尔及尔总督曾致信总统，要求40门24磅火炮和40门其他口径的火炮。他还想要1万支步枪。戴尔能做的只有答应他的要求，"您的王权至高无上"，一切在照办之中。幸好，第二天"大特克号"与其护卫舰"埃塞克斯号"抵达了突尼斯，戴尔的许诺很快被兑现了。

与伊顿为伍，戴尔发现自己的耐心变得越来越少。如果想要做出点成绩，戴尔需要更多的船只，还有作战授权。会见穆拉特·莱斯以及阿尔及尔、突尼斯的领导人让戴尔感到十分沮丧，他于 7 月 19 日向海军部长写信汇报会谈情况。"我认为他们就是一块硌脚的石头，"他抱怨说，"整帮列强，包括阿尔及利亚人、突尼斯人还有的黎波里人。任何程度上的进贡也无法满足他们的贪得无厌，只要时机一到，我们一定要阻止他们对国家商业的掠夺。"现在他掌握了第一手情况，并提出了自己对未来的建议："在地中海部署四艘或六艘护卫舰，否则就无法确保美国商业的安全。"[8]

到目前为止，戴尔几乎没有赢得任何外交成绩，他现在要前往的黎波里面对那位最难伺候的统治者。戴尔希望能够成功解决的黎波里的外交事宜。如果失败，这次他会被授权使用武力牵制敌人，迫使他们讲和。

1801 年 7 月 24 日，美国海军"总统号"和"企业号"抵达的黎波里港口。美国军舰在珊瑚礁和浅滩对面巡逻，试图控制通往的黎波里内港的航道。

虽然他不能自由地在街道上行走，戴尔准将知道，这座港口城市正有三万名市民身处苦海之中。的黎波里已部分被瑞典皇家海军封锁，好战的帕夏与该国发生了争执。如果帕夏胃口不大，他的大部分子民还能得到一些粮食和其他基本食品。戴尔希望，他的封锁将会给帕夏当头一棒。

7 月 25 日星期六的一天，戴尔下令去镇上送信。这封信很长，戴尔用上了他能想到的最好的外交措辞。他对帕夏的宣战表示失望，接着做出了公正的警告："我很遗憾地通知阁下——鉴于您对美国宣战，总统已命令我开始对阁下的船只和臣民实施敌对行动，不论我在哪里与其相遇。"[9]

不过戴尔最后一句话表达了和平：如果帕夏撤消宣战或讲和，他可以派代表团访问"总统号"，戴尔会双手欢迎。

周日过去了，帕夏未做出回应。

星期一，一艘船接近"总统号"，请求传达帕夏的回信。戴尔迫不及待地想要知道回复，立刻答应了他们的请求，并让手下引导信使登船。

帕夏是这样回复的：很简单，没有挑衅他不会无缘无故地发动战争。除此之外，帕夏未做任何解释。

为了进一步沟通，戴尔写了另一封信，于 7 月 28 日，星期二派出。

这一次，帕夏彻底沉默了。

戴尔知道，以前的模棱两可已经成为过去，谨小慎微的外交托词毫无意义可言，他要按照自己的主张采取军事行动。帕夏的海军规模很小，由于"梅舒达号"及其姊妹船被"费城号"围困，目前的军力已被减弱了近三分之一。美国海军能在远海击溃巴巴里的海军力量，若要轰炸海港则不能与其相提并论。因为戴尔准将和他的船长们没有港湾图，大量珊瑚礁和岩床构成了极大的威胁。戴尔决定，最明智的做法是封锁海港，有机会袭击进出的敌舰。

疲惫的数周过去了，港口没有出现任何敌舰。七月无情的阳

69

光很快消耗了"总统号"和"企业号"的库存淡水。到最近的马耳他安全港供应补给需要耗时几日。戴尔不想在航行时失去他的任何船只，所以他别无选择。7 月 30 日，戴尔命令"企业号""尽可能多地带回淡水"。[10]现在，"总统号"将独自监视的黎波里海岸。

以静制动

同时，穆拉特·莱斯还被困于直布罗陀。伴随他的是近四百名手下，他们许多出生在的黎波里的贵族家庭，莱斯现在能做的也就是听听海浪的拍打声。他知道，其他美国军舰都已离开，而唯独"费城号"紧跟其后，这只有一个目的。如果他起帆，他那两艘船和小口径火炮压根就无法打败美国的长枪利炮，他不会正中美国人的下怀。

夏天的阳光炙烤着大海，穆拉特·莱斯和他的部下面临着进退维谷的窘境。这时检疫已经解除，他的手下可以登岸，但却得不到供给。尽管岛上的英国商人与美国人（造反的前殖民者）没什么感情，不过似乎也在抓住这个机会刁难巴巴里海盗。没有食物和水，较小的的黎波里战船就可能发生叛变。穆拉特·莱斯明白他必须要做些什么。

美国瞭望员可以在护卫舰"费城号"的顶端观察得很远，持续监视着海盗船，如果发现他们起航便立刻采取拦截行动。但是从这样的距离来看，美国士兵几乎无法在繁忙的港口跟踪莱斯的手下。他们头顶又没有守卫监视，所以还称不得上囚犯。他们会逃跑吗？这是一个值得深思的问题。莱斯开始制造一个逃跑的计划。

进入战位

正当"费城号"的友舰封锁了直布罗陀和的黎波里时，"企业号"向马耳他航行寻求淡水补给。不过安德鲁·斯特瑞特上尉这一简单的任务就要被打断了。

8月1日，也就是出发的第二天，离早晨开始不到一个小时，瞭望员便在地平线处发现了一艘船。斯特瑞特怀疑这是帕夏尤瑟夫的军舰，于是命令手下准备战斗。虽然他的上级规定"不要刻意追击敌人"，不过年轻的斯特瑞特上尉心里暗暗发痒，命令手下靠近敌舰。

斯特瑞特只有23岁，可他已经在战斗中证明了自己。两年前，作为美国海军"星座号"的少尉，他击败了两艘法国护卫舰，这使他晋升为海军中尉。他是独立战争时一名船长的儿子，他肩上担负的是极其严肃的职责：当"星座号"的一名火炮手在战斗中擅离岗位时，斯特瑞特追上并用剑将他刺死。斯特瑞特从来没有怀疑过他的职责。"你不要认为这很奇怪，"他解释说，"在这艘船上懦弱也会判你死刑。"[11]怯懦在一艘美国军舰上也是

71

死罪。

斯特瑞特不是懦夫，但他也知道什么时候应该有勇有谋。

这一天，"企业号"挂起了英国国旗，因为戴尔曾下令允许"使用任何旗帜迷惑敌人"。当时的黎波里与英国处于和平状态，所以敌船船长看到英国军舰靠近并没有逃离。

两艘船都放慢了速度，直到达到能够喊话的距离。斯特瑞特向船长致敬，询问其巡航目的。

的黎波里船长穆罕默德·劳斯觉得他与这艘军舰并无瓜葛，于是说出了真相。他到这里是为了"追击美国人"。斯特瑞特还没来得及回答，的黎波里船长就抱怨道，他现在还没有干掉任何美国船只。[12]表明这样的心思，这位船长可要小心了。

斯特瑞特立即下令撤下英国国旗。按照戴尔的指示，只有竖起美国国旗时候才可以作战。随着美国国旗在旗杆上高高挂起，斯特瑞特下令开火。火枪的爆裂声响彻天空。

的黎波里的军舰有一些炮弹已经上膛，开始零星地还击对手。就这样，战争的第一枪在海面上打响了。

炮火连天

片刻间，美国大炮齐射，轰鸣声震耳欲聋。伴随着飞出的炮弹，铁炮口射出了一束束火花。实心炮弹击中的黎波里号后炸开了花，吓得海盗惊慌失措。这样的近距离交战，炮弹基本上是百

72

发百中。

敌舰的桅杆断裂后，砰然倒在了甲板之上。索具被炸落，绳索随着船身四处摇晃；船体在吃水线上方出现了一个个窟窿。

第一轮齐射结束后，美国炮手竞相装弹：刷水、捣药、再次发射。训练有素的船员击中了大多数目标。

海盗不擅长用炮，他们零星地发射还击。由于不习惯全部依靠火炮攻击，穆罕默德·劳斯船长命令手下接近"企业号"。他们想迂回到美舰一侧，带着刀枪蜂拥而上。他们想要以最擅长的方式一对一与对手近身肉搏。这是海盗一贯的做法。

然而，"企业号"早就命令一小队海军陆战队做好准备。伊诺克·莱恩中尉一声令下，致命的步枪击退了正在登船的海盗，有些甚至还没有机会挥舞手中的剑就被击倒在甲板上。

的黎波里号不再靠近"企业号"，海盗降下了他们的旗帜，看起来像是要投降。看到投降的信号，企业号的船员天真地聚集在甲板上，放手欢呼三次以庆祝胜利。可是顷刻间，欢呼声被敌军的炮火声所淹没。海盗竟无视战争规则，再次挂起了他们的旗帜，向露面的美国士兵开炮，迫使他们再一次回到了作战岗位。

战斗重新打响，美军地狱般的炮火让的黎波里又一次投降，然后第三次，敌人的旗帜可谓是两上两下。

后来，斯特瑞特对他们的诡计恼羞成怒，命令炮手不断攻击，直到确定"的黎波里号"沉没为止。"淹死这帮恶棍！"企业号船员大声吆喝道。数分钟之后，海盗的枪声越来越微弱，直到穆罕默德·劳斯亲自求饶，美军的炮火攻击才停了下来。受伤的劳斯站在船舷上，弯下腰苦苦哀求，要求投降。这一次，他把他的国旗丢进了海中。

随之而来的寂静不是被枪声打断，而是在伤员的呻吟声中消失。

按照战败方的传统做法，劳斯需要划到"企业号"，将他的剑献给斯特瑞特，可他现在却做不到；的黎波里的港务船已经被炮火打碎，无法再下水。斯特瑞特上尉确认安全之后，派出了"企业号"的一艘船以及部分长官和水手。当他们登上敌人的军舰，他们看到了可怕的一幕。三十人被击毙，三十人受伤。尸体躺在血泊之中，鲜血成河，流进了舱口。

让斯特瑞特惊讶的是，与的黎波里的损失相比，美军大获全胜，无一人受伤。考虑到的黎波里的医疗兵已经死亡，他命令他的卫生员救助受伤的敌军。

劳斯的海盗船遭受重创。船帆和索具被炸得破碎不堪，三支桅杆有一支已经摇摇欲坠，最后向一侧倒去。船体吃水线以上被撕开了 18 个窟窿。

通常情况下，"的黎波里号"会被视为战败船，斯特瑞特上尉应将其作为战利品并安排手下押赴港口。不过斯特瑞特严格执行上级命令，下令不抓获任何俘虏。

最终，斯特瑞特未选择征用该船，而是让手下将其丧失作战能力。他们将船上的大炮、火药、炮弹、剑、小型武器以及缆绳和锚全部丢进了海中。砍掉剩余的桅杆之后，胜利者用一支桅杆竖起一面破烂不堪的船帆，刚好够带动船只。战败的黎波里号苟延残喘地驶向母港，"企业号"继续向马耳他前行。

几天后的8月6日，"总统号"护卫舰发现斯特瑞特的手下败将正向的黎波里港口靠近。戴尔下令封锁，拦下该船并质问其船员。"的黎波里号"船长急于回到港口，声称自己是突尼斯人，在前往马耳他的途中遭到了法国海军的袭击。戴尔准将觉得这个理由貌似可信，于是借给船长一枚指南针，"允许他继续"驶向黎波里港口。[13]敌舰虽然成功逃脱，但却遭受了无法挽回的损失。

捷报传来

对于帕夏来说，美国人的骄傲简直就是奇耻大辱。1801年11月18日，《国家邮讯报》这样描述道："在的黎波里，蒙羞和愤怒并存。"帕夏尤瑟夫认为："受伤的船长就是一个蠢货，下令将其游街示众。"[14]劳斯脖子上被人挂上一条羊内脏串成的项链，接受了一顿笞蹠刑——他的脚心被重重鞭笞了500下。

与此同时，新落成的美国国会大厦对斯特瑞特上尉的行动也做出了回应。消息缓慢地穿过大西洋，两个月后，美国人收到了来自马耳他海域的捷报。1801年11月11日，《国家邮讯报》的编辑慷慨陈词，庆祝美国海军"企业号"的空前胜利。捷报鼓舞了国会，经过投票通过，国会为斯特瑞特颁发了纪念剑，并额外奖励其全体船员一个月的薪酬。

对于杰斐逊来说，历时三小时的奋战不仅赢得了戏剧性的胜利，而且起到了政治杠杆的作用。12 月 8 日，他自豪地发布总统咨文，表彰"企业号"斯特瑞特上尉和全体士兵。"奋勇杀敌之后，"杰斐逊向国会报告说，美国海军大获全胜，"我军无一人伤亡。"[15]

斯特瑞特胜利的鼓舞正逢其时。多年来，美国与巴巴里海盗的外交事务鲜有成绩。绥靖政策毫无效果，只可惜可怜的卡斯卡特遭受了这种策略带来的百般磨难。理查德·戴尔的外交之旅未能奏效，他的封锁没能阻挡船只通行。到目前为止，唯一有效的行动便是面对威胁采取的军事打击。

杰斐逊并非好战分子。直觉之外，他曾试图维系和平。可现在，他有正当理由去呼吁美国开战。时机已经成熟。巴巴里国家已经与美国宣战，他们似乎只理解一种外交——大炮政策。

第八章

时不我待

我知道，要想阻止这帮海盗的贪得无厌，只有采用武装力量。

——托马斯·杰斐逊总统致国务卿詹姆斯·麦迪逊

1801 年 8 月 28 日

杰斐逊希望斯特瑞特军事行动的成功能够让他争得国会批准，最终对列强宣战。虽然他不想攻占巴巴里国家，但希望新召集的国会批准使用武力，以便海军能够发动有效的封锁——根据需要攻击并俘获敌船。美国海军总统号已经返航，而费城号也在西西里岛的锡拉库扎港度过了冬天，新一批护卫舰和舰长都需要进行部署和任命，杰斐逊希望当局能够合理地打击海盗。

在杰斐逊发布咨文一周后，国会成员提交了一项议案，指出"权宜之下，宪法应授权总统……保护美国商业不被巴巴里列强侵犯"。[1]经过短暂的辩论，众议院投票通过了该议案。一月份眼看就要结束，杰斐逊满怀希望地等待着参议院的表决。

这次等待却让另一次胜利等了两年。在这 24 个月期间，美国人经历更多的是封锁失败带来的失望，一艘军舰被迫搁浅，而准将也被认为表现无能。然而，时间并非白白浪费。就在美国似乎在沉睡，海盗依旧猖獗之时，杰斐逊启动了他下一个计划。

挫败与徒劳

杰斐逊那时并不清楚，即使他促成众议院表决，理查德·戴尔对北非海岸的封锁面临更多的是挫败。9 月 3 日，戴尔被迫放弃停留的黎波里。虽然在斯特瑞特的帮助下，他的军舰补给了淡水，但船上缺乏新鲜食物却带来了危险，超过 150 名船员感染了"一种流感"。[2]

在他返回直布罗陀的途中，戴尔收到消息称，穆拉特·莱斯与其船员逃离了直布罗陀，他们放弃了自己的船只。莱斯的手下在港口疲惫不堪，曾扬言兵变，后来莱斯找到了逃离"非官方囚禁"的办法，这才息事宁人。他们混入巴巴里势力的睦邻船只，从美国人的视线中逃离并乘船抵达摩洛哥，然后经陆路回到了的黎波里。

莱斯的部下从直布罗陀安全离开，他本人选择了另一条路线。在直布罗陀混入英国人的队伍中，这个原本叫彼得·莱尔的人与英国人交谈自如，蒙混过关。9 月，詹姆斯·卡斯卡特报道说，莱斯走在一艘船的甲板上时被人认了出来，那艘船装满了献给英国政府的酒。³ 等到戴尔得知的黎波里的将领已经从他手中逃走时，穆拉特·莱斯早已返回的黎波里，他与美国人这一回合的较量到此结束。下次，他会再次战斗，而且拥有更好的条件。

对于理查德·戴尔准将来说，失望的消息还在后面。穆拉特·莱斯逃脱了他的控制，更不幸的是，在十月的最后几天，戴尔遭受了病魔的困扰。"头感觉不舒服。"他承认，他要束缚在这张小床上了。⁴ 更令人沮丧的是他接到回国命令。国会当初下达的服役期只有一年，这意味着他团队的服役期仅有寥寥数月。躺在病床上，戴尔非常后悔没有挫败巴巴里列强，唯一让他欣慰的是斯特瑞特上尉的胜利。他别无选择，只能起身回国。

船舶供水补给和索具维护完成之后，戴尔从船舱中下令起锚，趁着微弱的西风起航。海港引航员引导这艘大型护卫舰驶入直布罗陀海港的狭窄通道，西风让船的航行速度轻松达到 6 节。然而这时，"总统号"却突然倾斜。她的航行戛然而止，好像撞上了一面砖墙。

躺在他的船舱里，戴尔报告说，他感到"一股强大的冲击，双脚都站不稳"。⁵

这只大型护卫舰搁浅了。她摇晃得非常厉害，但当戴尔赶到后甲板时，坚固的船体很快恢复了过来。戴尔担心"总统号"可能出现结构性损伤，立即下令检查。检查结果却出奇地好：制作精良的军舰经受住了撞击海床造成的影响，她的船身完好无损。官员决定继续前行。他们相信自己的军舰，继续踏上征程。

可是离开港口没过多久，船舶的坚固性再次受到了考验，总统号遭遇了暴风天气。风暴的第一天，在狂风巨浪的席卷之下，军舰只行驶了很短的路程。然后，第二天，底舱开始进水。在改变路线向法国海岸航行后，军舰遭遇了三日暴雨，最终抵达土伦港。在那里，经检查船舱发现，龙骨前面的部分已经丢失，延伸的艏材严重受损。美国海军"总统号"在维修完毕之前看来是要闭门谢客了。

"军舰需要多久才能下水，再次起航……我也无法预计。"12月中旬戴尔从法国写信给威廉·班布里奇说。[6]但他知道，在巴巴里海岸度过了失望的季节之后将面临一冬的维修。直到1802年4月14日，美国海军"总统号"才回到了祖国。

杰斐逊先生的秘密

正当戴尔为他的被迫休假感到恼火时，杰斐逊似乎是在积极等待国会采取行动。实际上，他正策划一个秘密计划。该计划不被《国家邮讯报》和国会所知。这个计划不仅仅会规劝北非国家停止侵犯美国人，它还会改易这些国家的统治者。截至目前它只是一个想法而已，不过想法已经开始滋生。

美国领事威廉·伊顿曾斗胆书信国务卿詹姆斯·麦迪逊，提出了一个不用护卫舰便能解决群众呼声的战略。伊顿从卡斯卡特得知帕夏夺取权力依靠残暴血腥的路径，他向麦迪逊建议美国应与帕夏流亡的兄弟结盟。[7]

的黎波里的帕夏尤瑟夫曾向美国宣战，但他实际上并没有合法权力领导国家。他的哥哥哈梅特·卡拉曼利才是合法的王位继承人，尤瑟夫杀死了他的哥哥窃取了王权。哈梅特被他的兄弟放逐流放，他十分渴望与妻子和四个孩子团聚，可是他们在的黎波里被扣留为人质。

哈梅特后来流亡到了突尼斯，伊顿曾与他有一次简单会面。他们两一起吃了些羊肉饭和蔬菜，讨论对付危险的帕夏的最佳办法。[8] 在他们制订的计划中，美国领事发现解决哈梅特个人的不公就能一劳永逸地解决美国问题。

为了实现计划，伊顿宁愿放弃领事身份并穿上军装，打扮成伊顿上尉。他给麦迪逊写信说，他希望"当我们在海上行动的同时，从陆路袭击篡位者"。这将是一次军事任务，目标是掀起的黎波里的革命，推翻尤瑟夫政权，帮助哈梅特恢复王位。

起初这个想法似乎听起来有些古怪，但麦迪逊和杰斐逊意识到他们应该重视伊顿的建议。伊顿对巴巴里海岸了如指掌。他在突尼斯时，凭借语言天赋掌握了几种阿拉伯方言。他现在对当地居民和环境的情况十分熟悉，有报告说他常常穿着阿拉伯服饰，有时会穿他们的长袍，甚至佩带一把弯刀。

伊顿比任何外国人都了解北非的传统。根据掌握的第一手资料，他汇报说，"大部分臣民对帕夏的统治极为不满，起义的时机到了。"他保证，美国并不是支持该行动的唯一政府——"尽管突尼斯贝伊很谨慎，但他会成为幕后推手，我有充分理由相信，这项计划将会顺利开展。"[9]

多年来，伊顿领事为了能在地中海部署军舰一直苦口相劝。他曾呼吁动用武力，事实证明他是正确的。杰斐逊知道他应该听从伊顿的建议，不可否认，这是所有早期战略中的一个比较仓促的行动，所以他决定要谨慎行事，等待合适的时机。

伴随着 1801 年走进尾声，杰斐逊和麦迪逊在国家首都像往常一样工作，国会批准了公开使用武力的封锁战略。与此同时，一个秘密计划在摇篮里渐渐成长。在远处的地中海海岸，威廉·伊顿和哈梅特与统治者帕夏开始了他们的谈话。

保护法案的签订

1802 年 2 月 6 日，总统杰斐逊如愿以偿，得到了参议院动用武力的批准。他大笔一挥，签署授权了"关于保护美国商业及海员，打击的黎波里海盗的法案"。

虽然它比不上战争宣言，但法律做出了明确的规定。根据该法案规定："部署美国武装船只是美国总统认定的必要措施，其装备、官员、人员等皆被法律认可，目的是有效保护大西洋、地中海和毗邻海域的商业和海员。"现在，杰斐逊可以向北非派遣他所需要的任何军舰，军舰可以采取任何措施保护美国船只的安全。杰斐逊不再担心，命令美国海军前往地中海会超越他的权力。如果杰斐逊先生认为合适，现在就可以追击的黎波里海盗。

虽然杰斐逊总统花费多年去打造他的计划，他还是要以前线领事的建议作为依据，而不是单纯依靠他的主观判断。他的许多马格里布的官员都曾请求增加军事力量，理查德·奥布莱恩曾于1801 年中期向麦迪逊写信，坦率地提出："我相信的黎波里应该……动用炮弹，刻不容缓。我们希望先生派遣 3 艘或 6 艘以上的护卫舰前往。"[10]

现在，杰斐逊终于可以自由行动了，他尊重奥布莱恩的请求，于 1802 年初扩大了美国海军的规模。"切萨皮克号"被指定为舰队的旗舰。"费城号"和留在地中海护航商船的"埃塞克斯号"也加入其中。其他两艘护卫舰将于当年春季从诺福克启航，也就是"星座号"和"亚当斯号"。单桅船"企业号"的指挥官斯特瑞特上尉从地中海回归之后，再次掉头穿越大西洋，与另外五艘护卫舰汇合。

随着新舰队的装配，杰斐逊终于有了火力和权力捍卫美国利益。威慑海盗会比与他们的政府交涉更为容易，如果一切顺利，就没有必要秘密策划政变。杰斐逊希望秋风扫落叶一般结束多年的纷争，但他犯下了一个致命的错误：他任命一个错误的人选领导舰队。

第九章

夏季的低迷

本季节的前期……为时已晚，一月之前它不可能出现于的黎波里。

——理查德·瓦伦丁·莫里斯船长

1802 年 10 月 15 日

1802 年以前，美国海军几经挫折，但这些不幸是由客观环境所造成的，而不是领导的失误。风暴、疾病、海难、巴巴里伎俩以及国家支持匮乏等因素让戴尔和他的船长们无法圆满成功。而现在，今非昔比。新的海军人力、权力皆备，客观条件已能够彻底地结束巴巴里暴政。不过，福兮祸兮，焉知所依？领导无方再一次让事态僵持不下，令人沮丧。

理查德·瓦伦丁·莫里斯船长是总统新任命的舰队司令。理查德·莫里斯曾在 1798 年与法国海战中打了一些胜仗，他是一名胆大的年轻军官，正急切地接受这份任命。加勒比海服役期间，这位三十四岁的船长婚姻状况发生了变化。莫里斯太太就其丈夫的任命提交了一份特殊申请。她直接向海军部长写信，申请与丈夫一同出海。

这种请求倒也不是没有先例，不过在战时，妻子陪同丈夫军舰出征实属少见。不过，海军部长立即下了授权，当莫里斯船长登上"切萨皮克号"时，陪同他的不仅是他的妻子，而且还有他年轻的儿子。船员对于其家人出现的评论并不是很明确，但对莫里斯太太的言论绝对没有讨好之意；一名准尉评论说，"她人长得既不漂亮也不英俊，不过有面纱挡着看起来还不错。"[1]不管莫里斯夫人多有魅力，她并不受船员的欢迎。她的存在仿佛在暗示着一个巨大问题：她丈夫的心思并不在工作上。

海军部长希望美军尽早的黎波里显示武力，因此六艘军舰没有作为一个整体舰队航行，而是各自做好准备后即刻起航。登上"切萨皮克号"的莫里斯想要一个轻松的航行，决定在诺福克等待风暴天气过后才出发。"切萨皮克号"最后于 4 月 27 日起航，由于护卫舰主桅出现了破裂，航行进度延迟了三天。巨大的横木出现了腐蚀，船帆桅杆被检查出了缺陷。更糟糕的是，货物装载不均匀让船身剧烈摇晃，导致了一场又慢又让人焦虑的旅行。5 月 25 日，莫里斯终于在直布罗陀港口停泊，他报告说，"我在海上从没遇到过让人如此不安的船。"[2]

由于需要更换桅杆，切萨皮克在维修完成之前哪儿也不能去。但这并没有给莫里斯和他的妻子带来困难，他们很快对英国港口的社交生活乐此不疲，他们与直布罗陀的新任市长一起就餐，并与英国贵族们开怀畅饮。英国长官和他们的妻子都欢迎准将和名声在外的"准将夫人"的到来。同时，心怀不满的美国海军发现他们要在港口停留数周——甚至一直推迟数月。当船长与外国显贵赴宴时，他们却在坚守岗位，刷洗甲板、缝补船帆，慢慢等待。

实力展示

"星座号"是莫里斯舰队中第一艘穿越大西洋的军舰，它于1802 年 4 月 28 日在直布罗陀抛锚，在莫里斯之前抵达。船长亚历山大·默里认为，莫里斯准将的缺席会让他负责有关事宜，这十分适合老将默里去做——他是一名老水手，在独立战争之前就曾担任过船长。他担负起了责任，立即向的黎波里航行。于是，一场果断的封锁开始了。

抵达阿尔及尔之后，理查德·奥布莱恩领事登船做了简要汇报，然后默里和"星座号"向东航行至突尼斯，在那补给了新鲜蔬菜和其他物资。默里船长还卸下大量长期许诺的贡金，贝伊感到"非常令人愉快"。贡金包括一些镶嵌着钻石的匕首和伦敦制造的最棒的镶金手枪。一分分计算下来，美国纳税人上缴了27 576.96美元的贡金。最新的贡金是美国为维持和平谋求贸易的代价，它依旧不能满足突尼斯的统治者。统治者很快又向伊顿索要一艘全副武装的战舰。和平代价变得更加昂贵。

可是默里不想独自发动一场新的战争，6 月 9 日，他从突尼斯起航后抵达的黎波里海域巡逻。这位美国船长觉得他的军舰已经大显身手。"无可挑剔，"他向海军部长报告，"向世人展示我们的军舰，那么现在，他们对我方起到了强大的宣传作用。"[3] 除了船舶淡水补给之外，默里队长几乎没有别的报告——直到两艘海盗船的到来。

他们将要让强大的美国护卫舰颜面扫地。

海盗的新战利品

当莫里斯在直布罗陀里纵情享乐时，三艘海盗船于 6 月 17 日逃出了默里在的黎波里的封锁。抵达公海之后，海盗发现了"富兰克林号"，它是一艘装载着酒、油、香料、肥皂和帽子等物资的美国商船。海盗用大炮瞄准了他们，美国商船的船长别无选择，只好就范。的黎波里海盗登上"富兰克林号"，给船上的官员和船员戴上枷锁，然后向阿尔及尔航行。在挟持俘虏抵达家乡以前，他们卖掉了战利品和货物。"多芬号"、"玛丽亚号"以及其他商船的悲剧又一次重演。

回到的黎波里后，海盗竟胆大包天，从"星座号"的眼皮底下驶入了港口。美舰的吨位让默里难以在浅海追赶上灵活机动的海盗船，因此，"星座号"船员只能眼睁睁地被倒过来举着星条旗的海盗羞辱。安全抵达港口后，的黎波里海盗鸣炮为胜利欢呼。

着陆后，"富兰克林号"被俘船长及其船员被游街示众，而默里与其手下没有尝试救援。在阿尔及利亚总督布巴·穆斯塔法的调和下，美国人才重获了自由，但这已经是三个月后的事情，美国支付了5 000美元的赎金。

威廉·伊顿领事听说了"星座号"的援救失败，他给詹姆斯·麦迪逊写信说，"政府不如派贵格会教堂到这些海域充当护卫舰。"[4]

言辞充满讥讽。这可完全不像海军部长下令的"紧密有力之封锁"。[5]虽然美舰有实力在战斗中摧毁他们，但是神出鬼没的海盗船仍不断袭扰美国商业。

突尼斯公使曾警告威廉·伊顿："虽然苍蝇卡在喉咙里不会害死一个人，但也会让他恶心。"[6]即使的黎波里在默里船长的视线之内，巴巴里海岸对美国的羞辱远远没有结束。

第二次机会

"富兰克林号"事件交涉失败的几天后，默里船长重新获得一次打击海盗船的机会。

1802年7月22日，"星座号"在阳光明媚、海风习习的天气下轻松航行。当军舰距离的黎波里市东北部十几英里时，瞭望员从九点钟方向发现了海盗船，就在城镇的西部。虽然海面已开始起浪，默里还是决定展开追逐。

"星座号"在一小时内便缩小了距离，足够让他们看清这九艘小炮艇。一艘海盗船朝美国护卫舰开火，但是超出了射程。海盗"划桨扬帆"，"星座号"继续追逐。[7]

11点钟，默里下令用安装在船首的一对大炮还击。战事不断升级，炮火持续射击，默里的手下开始对海水深度进行测试。虽然他们靠近海岸，七十英尺的深度看似足够安全。不过目光敏锐的侦查员认为军舰处于浅滩航线，于是警告了默里。我们发现的黎波里海盗"诱惑我们在敌我距离之间的礁石搁浅"，默里命令"星座号"调转风向，避免陷阱。

遭到"星座号"的攻击后，的黎波里炮舰分散开来，一些驶向了岩石覆盖区域，一些向海湾入口驶去。他们离默里的军舰不过两英里远，大炮的射程不仅能够击退敌船，而且可以威慑视野范围内的黎波里地面部队。默里船长估测有几千人马出现在海岸的沙丘上，包括骑兵在内。

的黎波里的大炮从炮台开始射击，不过因为射程太短，无法击中"星座号"。默里担心风向恐变，没有让军舰在浅滩冒险——他与手下放弃了这次战斗，很快便离开了。[8]按照默里的说法，他侥幸脱险："他们当时顺风向距离礁石只有1英里，"他在军舰日志中写道，"毋庸置疑，我们已经完全摧毁了他们。"[9]

默里向海军部长汇报了行动，指出战争"使我们的年轻军官更加顽强，他们经受住了炮火的考验"。[10]他汇报说至少有十几名敌人被击毙，其中一些是帕夏的得意将领。他认为，尽管提前撤退，但小规模战斗最终取得了胜利。

伊顿领事认为这是一种愚蠢的观点，他批评默里和其他海军船长，直指他们可笑的封锁行动。他致信麦迪逊，"富兰克林号"事件证明了他们的无能。伊顿写道，美国军舰在地中海巡逻两年，却"毫无建树……反而树敌更多，让国家蒙羞"。[11]

尽管展示了不错的军事力量，但迄今为止，美国海军未能让北非海岸的美国人和巴巴里人刮目相看。莫里斯和更多军舰的到来是否可以真正改变这种局面？

悠闲之旅

1802 年 7 月 21 日，美国海军"亚当斯号"抵达直布罗陀，那时她已经远远落后其姊妹舰。船长发现，虽然莫里斯"切萨皮克号"的主桅已修好，而且完全适航，但她仍旧停留在港口。莫里斯一家正在港口享受奢靡之乐，好像没有一丝准备作战的想法。

新来的军舰给这位慵懒的准将带来了海军部长的命令。现在时隔三个月，上级的指示既明确又具体。莫里斯应率领全部海军力量前往的黎波里。上级希望"既要伸出橄榄枝，又要采取进攻作战手段，迫使帕夏主动与我们握手言和，本质上是为了从他那争取到我方利益"。[12]即使采取军事行动，舰队也是为了和平目标

90

而来。

8月17日，莫里斯终于离开了直布罗陀，但还是没有按照命令去做。他没有在的黎波里展示军力，而是前往南欧海岸巡航，停靠在友好港口。他在一处港口发现，默里船长和"星座号"由于淡水补给和维修的原因已经离开了的黎波里。这意味着无能的美国封锁行动正式停止。远离的黎波里的莫里斯几个月后终于开始向海军部长写下了汇报。莫里斯不会在敌军水域重新露面——因为"冬季就要到来，"他解释说，"不可能在一月前抵达的黎波里。"[13]直到1803年2月，"切萨皮克号"于盟国度过漫长的冬季之后，才再次出现在巴巴里海岸；这时，它离开美国已经过去了九个月。的黎波里海盗在那个冬天依旧猖獗。

总统的沉思

回到华盛顿，杰斐逊总统有许多事情要处理。他担心法国在密西西比的出现，在一次国会机密会议中，他提议购买新奥尔良的计划。除此之外，他还要在那个春天签订有关购买整个路易斯安那州的条约。同时，杰斐逊和麦迪逊与一名弗吉尼亚人——最高法院首席大法官约翰·马歇尔，生气地争论着各项事务；一个是总统的任命问题，另一个则是具有重大历史意义的马伯里诉麦迪逊案，司法审查的结果将在不久宣判。

然而，虽然与的黎波里有一洋之隔，杰斐逊总统抛开这些杂念，深刻反思地中海袭击力度软弱的问题。现在，两位准将都让他大失所望：戴尔自身没有过错，而莫里斯是因为慵懒。很明显，莫里斯只是一名战争游客，他感兴趣的是护送船只、访问友好港口，而不是去的黎波里。"我有一段时间认为有必要调查莫里斯的行为。"杰斐逊于 1803 年初致信财政部长艾伯特·加勒廷时提到。[14]生气的总统清楚地意识到这一年不仅白白荒废，而且上演了一反常态的丑剧。"他在直布罗陀的进度让人诧异。"

在指挥权没有更换之前，事情将变得更加糟糕。

贝伊的观众

新年伊始，理查德·瓦伦丁·莫里斯准将终于航行到了巴巴里海岸。1803 年 2 月 22 日，他首先在突尼斯停泊。对于威廉·伊顿来说，期待已久的美国舰队的到来让他深感欣慰。三艘威武的护卫舰停泊在突尼斯海湾——"纽约号"、"约翰·亚当斯号"和"切萨皮克号"，纵帆船"企业号"也伴随左右，形成了坚船利炮的强大展示舞台。

看到祖国军舰的到来，伊顿突然有种如释重负的感觉，那感觉饱含着他的爱国情操和个人情感。多年来，这位前陆军上尉一直扮演着直言不讳的北非领事的角色，他坚持主张在该地区进行武力展示。最近，他还代表国家秘密研究废除帕夏尤瑟夫在的黎波里统治的计划。为了实现该计划，美国海军在巴巴里海岸的军事展示必须强大，而现在条件已经具备。

在伊顿等待上级批准其夺权计划期间，为了表示鼓励，他赞助哈梅特·卡拉曼利2000美元并且作出了更多承诺。统治者帕夏向哈梅特提供东部城市德尔纳的一个职位，不过伊顿警告他拒绝此事。"要记住，你的哥哥想喝你的血，"他警告说，"我通过确凿渠道得知，他请你去德尔纳是包藏祸心。他……截获了你寄给的黎波里朋友的信。"[15]因为他的家人被作为人质扣留，哈梅特现在只能等待流亡的命运，然而伊顿眼下在突尼斯面临着更多更棘手的问题。

他以政府和个人的名义欠下了外债。目前他拥有两艘小商船，生活还算富裕。但物价下跌和意外费用让他资不抵债——主要债主是突尼斯政府贸易总代理。谁知，债务不仅会让他颜面扫地，也严重影响了美国与突尼斯的关系。也许是出于羞耻或交往甚浅等原因，伊顿没有告知莫里斯他的情况。后来，这被证明是一次重大失误。

与突尼斯贝伊进行官方书面交流以后，莫里斯准将登上了突尼斯海岸。国家领导人在宫殿迎接莫里斯。在握手礼仪和一杯咖啡之后，两国官员开始谈论"企业号"一月以前俘获的突尼斯军舰的问题。所有问题似乎都可以解决，两人达成了谅解，这让莫里斯非常满意。然后伊顿的债务问题浮出了水面，个人问题突然变成了一宗国际大事。

当准将及其手下和其他美国官员站在港口的防波堤上，准备返回舰队时，突尼斯首相却突然要求支付伊顿的债务。莫里斯并不知道伊顿无力偿还，没有理会这个要求意欲离开，他跳进一艘租用突尼斯港务船，朝"切萨皮克号"驶去。可是贝伊首相声称，伊顿已经答应，一旦美国舰队到来，准将会支付 34 000 美元的债务。

首相希望得到这笔钱，现在就要。

伊顿不承认作出过这样的承诺，但首相还是坚持。让莫里斯惊讶的是，如果没有偿还这笔债务，他哪儿也别想去。

无奈之下，美国人只能返回岸上的国家领事馆。

第二天早上，莫里斯会见了贝伊，会议持续了两个小时。对方故技重施，对伊顿领事的抗议置之不理，他失去了耐心。他反问贝伊，他有没有欺骗过突尼斯领导人？

"你这人心眼不错，"贝伊对伊顿说，"但脑子进水了。"[16]

伊顿生气地反驳道："如果我脑子坏了，那我身边的是一帮骗子。"

突尼斯大使知道，在他们的文化中，如果侮辱至高的统治者会受到严厉的惩罚甚至被处死，他吓得目瞪口呆。被激怒的贝伊接下来说："你疯了！"贝伊捋着胡须，愤怒地迸出了这几个字。

伊顿这下麻烦大了。

愤怒的贝伊通过一名翻译下令："我要将你赶出我的王国。"

"我谢谢你，"伊顿拒绝让步，"我早就想走了。"

莫里斯准将同意带伊顿离开这位领导者的视线，但是五天以后才能实现，在此期间莫里斯只能接受软禁，直至还清债务为止。美国海军的官员终于回到了船上，伊顿也加入其中。但是火冒三丈的莫里斯没有让他登上"切萨皮克号"，伊顿不得乘坐企业号。

即使莫里斯准将想要去履行职责，可是他也无法面对惊涛骇浪。正如班布里奇在阿尔及尔的遭遇，莫里斯同样陷入了尴尬之地。随后他报告海军部长说："我不应该让自己进入突尼斯贝伊的领地。"[17]他的上司在华盛顿越来越失去耐心，他能证明自己的时间不多了。

莫里斯准将还有一次机会，一次稍纵即逝的机会。

海上烈火

因为需要改装，"切萨皮克号"已被下令召回美国。不过莫里斯准将留在了地中海，改乘新旗舰纽约号。从直布罗陀出发，莫里斯像往常一样悠闲地在里窝那停泊，前往的黎波里以前他先是航行到马耳他，因为他的妻子和孩子们在那里居住（第二个孩子已在马耳他医院出生）。他在地中海服役将近十一个月，这位准将终于着手——也就是破天荒地第一次择地部署封锁。

1803 年 4 月 25 日的星期一，迎着升起的太阳，纽约号轻松抵达了撒丁岛海岸。八点钟，鼓声召集水手吃饭，每人手里拿着锡杯，排队等待早餐。

忽然，砰的一声！早餐时间结束了。不一会儿，甲板下方传来了水手最害怕的声音："弹药库着火了！"[18]放有弹药的仓库窜出了火苗。

随着太阳的升高，一名水手开始收起晚上用的信号灯。炮手的队友后来前往储藏室检查东西是否妥善放置，他在后舱仓库发现了一只被人忽视、依旧燃烧的蜡烛。于是，他熄灭油脂并返回主甲板，训斥水手竟然粗心大意到在火药库附近留下明火。返回后舱仓库后，炮手发现他同样疏漏了一些东西：熄灭的蜡烛开始在一堆羊皮纸上慢慢冒烟。当他移动羊皮纸时，一块炽热的炭渣掉到了地面上的一只桶内。桶里有少量高密度火药，立刻产生了爆炸。

当火焰窜到附近挂着的火药桶时，又一次爆炸摧毁了仓库的舱壁门。几十枚空包弹将会是下一次爆炸目标。经过一系列震耳欲聋的爆炸后，火势蔓延开来，附近的弹药库岌岌可危。

后舱内和附近的水手都被严重烧伤。两名上尉站在甲板上，戴维·波特和艾萨克·昌西反应快速。他们下到弹药库，在呛人的浓烟废墟中摸索。他们利用湿毛毯保护军舰的主弹药库——船上的每个人都知道一点小火花便会引起连锁反应，木制的军舰会被炸得灰飞烟灭，所有人都要上西天。

水手们排成两队，手把手传递水桶去扑灭火焰。一个半小时后，精疲力竭的船员一个个咳嗽不止，被浓烟熏得乌黑，不过现在可以检查损失了。

大火被扑灭了，水手开始统计损失。据"纽约号"的日志记录，十四人被"大面积烧伤，在绝望中残喘".[19]昌西和波特上尉幸存了下来（之后在1812年战争中声名大噪），但有四名水手，包括那名炮手被大火烧死。

"企业号"被迫返航马耳他维修。莫里斯封锁的黎波里的计划又一次被推迟。

迟来的巡逻

自1803年5月22日起5周内，莫里斯都在设法监视敌军海港。"纽约号"与护卫舰"约翰·亚当斯号"和单桅帆船"企业号"在的黎波里港口之外一起巡逻。那时发生过几次小冲突，有一次"纽约号"竟然误向"约翰·亚当斯号"开火，没有攻击海盗船却损害了友舰上的索具。在抵达的黎波里的几周内，虽然伟大的美国军舰与一些小型敌船零星交战，但在下一次航行马耳他以前没有什么表现。

7月初，莫里斯再次接家人上船，前往直布罗陀海峡。这位准将即将被解除职务，他的服役只能算是虎头蛇尾。威廉·伊顿在春末已经返回华盛顿，他正式报告了莫里斯的懒散。按照伊顿的计算，莫里斯过去17个月的航行任务期间，他在的黎波里海岸只待了19天。莫里斯对债务的恼怒反应让伊顿蒙羞，也许是受这种羞辱感的驱使，伊顿对众议院议长说："这期间的确如此……除了为庆祝他'不列颠公主'的生日发射皇家礼炮以外，海军准将再没发射过一粒弹药。"[20]

当莫里斯准将抵达西班牙马拉加时，他收到一封海军部长的来信。信中明确提到："收到此信后，立即暂停你对地中海舰队的指挥权。"[21]莫里斯被解除了职务。

鉴于其平庸表现，他面临着军事法庭的审判。审判持续了9天。经过尽职审议，四名审判官一致认定"莫里斯船长没有履行指挥地中海舰队的职责或采取必要的行动"。他的勇敢并没有遭到质疑，但他的问题被审判官定性为"他的懒惰和能力缺乏"。[22]他即刻被美国海军解雇。

那时，依旧规模强大和火力强劲的地中海舰队需要更多有能力的船长去指挥。杰斐逊希望美国赢得世界的尊重；这不仅仅是自豪感的问题，而是经济所需——美国商船应能够安全航行在国际水域。可是，他的海军没有展示出一丝威慑力。杰斐逊在给朋友的一封信中直白地说，莫里斯在地中海舰队的任期相当于"睡了两年"。[23]

这不是有效的外交政策。与此相反，正如突尼斯领事伊顿的报告："部长气得喷了我一脸，骂道：'我发现你只会吹牛皮！我看你怎么与的黎波里交战'。"[24]杰斐逊希望新任准将能够完成莫里斯从未尝试的任务。

第十章

十月的预言

总统非常渴望美国与巴巴里各国保持和平和自由商业往来……但十分确定购买或维持这种和平与往来不能依靠丧权辱国的条约。

——爱德华·普雷布尔准将

1803 年 9 月 13 日

莫里斯的糟糕表现让杰斐逊感到震惊，他在下任准将的任命上花了很多心思。他需要一个既有外交手腕又不失勇气的领导者，能够主动为他的国家争取最大化利益。杰斐逊对海盗和无能的美国军官渐渐失去了耐心。是采取行动的时候了，他任命的准将是：爱德华·普雷布尔。

爱德华·普雷布尔四十岁，他在海上度过的时间要比陆地多。十六岁时，他告诉父亲他已经锄完最后一筐土豆，要跟随港口的一艘私掠船出航。1779 年独立战争期间，他被任命为准尉，在马萨诸塞州海军"保护者"号护卫舰服役。被皇家海军俘虏之后，他被囚禁在泽西号监狱船上，在那里由于感染伤风差点丢掉性命。战争结束后，他在生意场上取得了成功，拥有一艘私人商船。美国海军建立后，1798 年他主动请求执行任务，约翰·亚当斯总统授予其上尉头衔。两年后，他担任美国海军"埃塞克斯号"的舰长，用了整整一年的时间穿梭于太平洋和雅加达之间，为祖国商船护航。

普雷布尔不是一名随和的船长。1803 年，接到巴巴里海岸的命令后，普雷布尔耐心地等待军舰改装。期间，他为船员精心编制了 107 条规范条例，这在当时是绝无前例的。其中一条是禁止"亵渎神明，乱说脏话，发表任何污秽言论"。还有一条是命令官员熟悉手下人员的姓名（船上有四百人）。这些条例的背后明确表达了一种观点：这次巡航不是闹着玩的。

多年的海上漂泊让普雷布尔白皙的皮肤变得红润，他将灰白色的头发梳到前面，也未能遮住秃顶。他有着一双湛蓝色的眼睛，慢性溃疡让他的举止有时显得急躁，不过不妨碍他下达命令，他希望全体军官和士兵在军舰上要保持高度严明的纪律。

在波士顿的长码头，爱德华·普雷布尔已经准备好向巴巴里海岸行进。出发之前，他给妻子玛丽·迪林写信表达了诚挚的愿望："我们会再次见面，在彼此的生活里永远幸福下去。"[1]与前任准将的妻子莫里斯太太相反，普雷布尔夫人更喜欢留在缅因州的波特兰家中。

未来几个月内，普雷布尔将证明自己和莫里斯绝不是一丘之貉。他会毫不犹豫地把自己和刚刚改装好的护卫舰宪法号投入战斗。

宪法号于 1803 年 8 月 12 日起航，由于风势较弱，她只能平静而又漫长地前行。普雷布尔可能厌倦了这种速度，不过波澜不惊的 29 天让船长有足够时间去认识他的重要乘客，陆军上校托拜厄斯·里尔。里尔是奥布莱恩退休后杰斐逊总统新任命的驻阿尔及尔总领事。

与普雷布尔一样，里尔从小在新英格兰海岸长大，出生于新罕布什尔州的朴次茅斯。虽然里尔被乔治·华盛顿授予陆军上校的头衔，他并没有在陆军和海军服役的经历。独立战争步入尾声的几年里，他一直在哈佛大学读书，并于 1783 年毕业。校长推荐他前往弗吉尼亚州的一所大型种植园就职。这份工作让这位高鼻梁、突下巴的青年感到十分郁闷和尴尬。

里尔负责给一对年迈的弗吉尼亚州夫妇抚养的两个孙子教课，并整理夫妇的大量信件。这位个头很高、肩膀很宽的长者被家人称作"将军"，他就是前任陆军最高统帅——乔治·华盛顿。

里尔是一名修养得体的美国人，1786 年，他已经成为了华盛顿家中的一份子。袜子缝补或者衣服洗涮都是由芒特弗农的家奴帮他完成。1789 年，华盛顿就任总统。在玛莎和她的孙子抵达之前，里尔负责总统在国家临时首都曼哈顿的起居生活。不仅如此，里尔还要管理华盛顿的家庭账目和私人收支。

华盛顿总统信任里尔，将其视为自己的耳目，他要"混入持有不同观点、不同政治情怀的各阶层人群当中，不管高低贵贱……为你提供广泛的观察和比较条件"[2]之后，向总统汇报。从1786年到1799年将军的意外死亡，里尔是华盛顿圈内一名值得信赖的成员。12月，华盛顿病危，里尔站在华盛顿的床边，聆听他的遗言。"我要去了。"华盛顿轻声地说，喉咙感染即将夺去他的生命。然后他向其最信任的秘书下达了关于葬礼的最后一个命令。里尔说，他已经烧掉了华盛顿和杰斐逊之间言辞激烈的信件。

与里尔有关的谣言不仅仅是烧毁的信件。有传言说，里尔与华盛顿的门客打交道也并非正大光明。他的狼子野心和与国家最强大的角色之间的亲密关系也未能助他消除谣言。

杰斐逊并不承认，他会因争执信件的烧毁流言而对里尔有所亏欠。在杰斐逊担任国务卿的那些年间，他曾与里尔定期在总统的房子里交流。华盛顿去世后不久，杰斐逊委任里尔担任圣多明哥的领事。从圣多明哥回国后，杰斐逊又任命他主持巴巴里海岸的谈判。

就在"宪法号"起航几天前，海军部长劝告普雷布尔说："你处理事务的经验和你的直觉以及里尔的优点都让我相信你和他会搭档得天衣无缝。"[3]一名战争勇士和一个条约谈判家变成了合作者。他们的任务是从军事上和外交上共同解决问题。总之，他们要不惜一切拿下巴巴里海岸。他们将在横渡大西洋的航行中商讨有关计划。

抵达目的地

在直布罗陀海峡，一则令人震惊的消息正等待着普雷布尔和里尔。威廉·班布里奇的军舰"费城号"已经抵达直布罗陀，他通知普雷布尔说，的黎波里并不是他们唯一的死敌。班布里奇在海上遇到了一艘奇怪的船只，发现载有被绑架的美国船员。从这艘船得知，摩洛哥的苏丹（统治者）已下令俘获美国商船。更糟的是，苏丹获得了穆拉特·莱斯的旧船"梅舒达号"，并将它带回的黎波里。摩洛哥已经加入阿尔及尔和的黎波里敌对联盟。现在，巴巴里各国只有突尼斯没有对美国宣战，而与突尼斯的和平也仿佛摇摇欲坠。

不过，让普雷布尔庆幸的是，他的舰队日益庞大。除了"宪法号"和"费城号"之外，另外三艘军舰也抵达了港口，它们分别是："亚当斯号"、"约翰·亚当斯号"和"纽约号"。另外，普雷布尔还拥有比戴尔和莫里斯更多的选择。美国国会颁布了新的立法，授权杰斐逊总统为美国海军新增四艘比旧军舰更轻巧、更快速的战舰。旧军舰体积太大，无法靠近海岸，而且速度太慢，无法追上海盗。"雌狐号"、"妖女号"、"阿格斯号"和"鹦鹉螺号"的建造很快就启动了，而现在雌狐号及时加入了普雷布尔的舰队。

虽然战事不断升级，但是海军部长的一席命令让普雷布尔有充分的余地去做任何他认为正确的事情。"所以我们让你按照自己的意愿行事，"海军部长写道，"按照你自己的判断自由开展吧。"[4]他既拥有戴尔没有的自由，也具备莫里斯未敢尝试的勇气。

与里尔商议后，普雷布尔决定从两个战线着手。首先，普雷布尔与其大部分舰队在摩洛哥炫耀武力。他并不想扩大战争，但是如果军力严重分散，他就难以进攻的黎波里，不过他也不能忽视这位新对手。他希望摩洛哥挑战者认为他求战心切；希望可以迅速解决问题，这样他就可以集中精力对付来自其他地区的威胁。正如杰斐逊总统说的那样，他坚信"只有当令人尊敬的海军力量靠近他们时，这些恶棍才会闭嘴"。[5]如果需要军力展示，那就按照他的想法去做。

应对摩洛哥的同时，普雷布尔命令班布里奇和"费城号"驶向的黎波里。他们一路上要为美国船只护航，攻击和俘获遇到的所有海盗船。然后，费城号将与雌狐号一同封锁的黎波里港，不惜一切手段进攻敌人。

危机解除

当摩洛哥的苏丹刚刚从两周的航行中返回时，美国海军的全部力量都在丹吉尔港口集结。苏丹眼中的可怕场景正是活生生的美国海军——美国大炮竟多达150余门，能够轻易击垮破碎的城堡，击沉港口的所有船只。

普雷布尔借鉴班布里奇原先指挥"乔治·华盛顿号"的惨痛教训，避免陷入同样的陷阱。从指挥点向丹吉尔望去，他选择了一个既直接又礼貌的策略。

在苏丹大炮射程之外的地方，普雷布尔与这位统治者交换了公函。两人同意召开一次会议。会议召开两天前，苏丹从岸上送来了礼物：10 头公牛、20 只羊、48 只鸡。摩洛哥的兵马在岸上列队欢迎。苏丹亲自到防波石堤上使用安装在三脚架上的望远镜观察美国军舰。比起此前巴巴里领导人面对小型军力展示作出的反应，他确实算得上毕恭毕敬。

10 月 10 日，清算的日期终于到了，美国军舰整装待发，准备了一周的时间。正如普雷布尔在日记中写道，"所有人都在船上休息。"[6] 根据商议，普雷布尔自己也要上岸，不过他的代表团并没多少人，只包括他自己、托拜厄斯·里尔领事以及 2 名充当副官的准尉。

11 点钟，四名美国人准备上岸，此前普雷布尔做出了明确指示。"只要对我方有所伤害，"他命令船上的士兵，"立即进攻炮台、城堡、城市和敌军，不要考虑我的个人安全。"[7]

1 点钟，美国代表团被召见至城堡。里尔徒步穿过城镇，眼前的景象让他很失望，他记录说："一条条极其狭窄、肮脏的街道，还有猥琐的居民……那里似乎既没有商店，也没有贸易，没有任何值得看或欣赏的东西。"[8] 到达城堡之后，美国人被引领穿过两队守卫，普雷布尔发现苏丹并没有坐在宝座上，而是坐在城堡庭院的一个石阶上。看到这种情形，一名准将报告了他的失望之情。"我本以为摩洛哥的皇帝是很高贵的，"他向南卡罗来纳州的母亲写信说，"我看到了一名爱笑的男人，裹着件羊毛斗篷或者披风，真的很差劲。"[9]

面对普雷布尔压倒性的海军力量，苏丹表现得毕恭毕敬。一名翻译说，他后悔与贵国树敌。过去，他的国家一直与美国保持和平，他将履行他的父亲曾在1786年签订的条约。他承诺一定要责罚下令攻击美国船只的丹吉尔官员阿卡狄·哈沙什。他也会让海盗船的船长付出巨大的代价。

然后，苏丹听取了普雷布尔的谈话，普雷布尔"努力让他记住自由商业往来带来的好处……君王从贸易中得到的税收远远要比与我们发动战争得到的多"。[10]这是美国人关于自由贸易的辩解。面对美国新组建的军力，苏丹只好唯美国马首是瞻。

次日，苏丹给杰斐逊写了封信。"贵国该知道，所有两国订立的条约依旧存在。"苏丹写道。[11]双方又用了几天的时间交流，翻译有关文件以便互相理解，不过都是些水到渠成的事情。

爱德华·普雷布尔准将没用一枪一弹便取得了重大胜利。不仅如此，美国将不再向对方缴纳贡品。普雷布尔回到直布罗陀后，他在写给缅因州玛丽·迪林的信中简单地提到："光荣的和平建立了。"[12]赤裸裸的武力展示塑造了一个真正的威胁，换取了两国的和平。

现在，准将和领事可以集中精力对付帕夏尤瑟夫和的黎波里的麻烦分子。普雷布尔曾向班布里奇承诺，大部队在解决完摩洛哥的事情之后将与他和"费城号"汇合，他准备执行任务。然而，没有人知道"费城号"的这次受命前行将是它最后一次航行。

第十一章

"费城号"的灾难

放弃对巡洋舰的追逐之后，触礁让我深感意外，就好像发生在地中海中部一样。

——威廉·班布里奇船长
1803 年 11 月 12 日[1]

威廉·班布里奇船长按照普雷布尔的命令在的黎波里海域巡航，他在几乎整个十月份都没有遇到海盗船。少数可疑船只也不在射程以内，躲在炮台保护范围之内。炮台位于城墙的两侧，远眺着整座海港。

10 月 31 日上午 9 时，距离的黎波里东约 15 英里，一艘可疑的帆船朝海港驶来。"费城号"开始追截。仿佛是为了嘲讽这艘庞然大物，不明船只竖起了的黎波里旗帜；这是一艘试图避开封锁的巴巴里船，现在比赛开始了。

"费城号"全速前进。虽然离海岸很近，班布里奇想要在海盗船到达港口前做出拦截。"费城号"加速追赶，将近 11 点时靠近海盗船，班布里奇判断海盗船此时应该在射程范围之内。他下令发射船首火炮。副船长们担心的黎波里的海域水况不明，向船长汇报出现一些图上未标明的障碍，此时的风向也无法预测。同时，三名水手反复探测水深。他们报告水深为四十英尺以上，是费城号吃水深度的两倍。军舰没有危险。

追逐的同时，炮手持续向海盗船开火。11 点 30 分，军舰离城市越来越近，可以直接看到城墙。为了不让军舰落入敌军炮台的射程范围之内，班布里奇极不情愿地命令舵手转向。令他失望的是，他不得不接受这次未能追上的黎波里海盗的事实。"费城号"缓慢调转风向，远离了城市。追逐结束了，海盗没有受到惩罚。

虎落平阳

不久之后，"费城号"撞上了礁石，船身向一侧倾斜。整个船身都感到了颤抖，船首从水面抬高了足足 6 英尺。当时的航行速度相当于陆地上 10 英里时速。接下来，这艘人造的庞然大物纹丝不动，而它距离海岸却不到两英里。

"费城号"搁浅了。

船长目瞪口呆的站在驾驶台上。航线图上并没有显示暗礁，最后一次测深显示 35 英尺的水深，足够通行。不过，现在已经没有时间去怀疑。"费城号"搁浅位置离敌军要塞十分接近，他们需要尽快采取挽救措施。

班布里奇镇定自若，他很快发现迫使船首搁浅的礁石离水面只有 12 英尺。经与其他军官商议，班布里奇决定将船尾陷入水中，以便脱离礁石。他命令水手向船尾集中，以便施以压力拉动船首。三只船首锚被抛入海中，绳索被切断，以便减轻船首重量。同时，船首的大炮也被移动到后面。然而，就在几乎可以感到船开始抬升的时候，一股强风和海浪又把船推向搁浅深处。

即使在两英里以外，这艘巨轮的遭遇也是清晰可见。她的船首升高，船身向一侧明显倾斜。对于的黎波里海盗来说，"费城号"成为了他们的瓮中之鳖。很快，九艘巴巴里炮艇便从内港出发，驶向搁浅军舰。

接下来的几个小时，"费城号"一片混乱。军官们一致决定，将船上的大部分大炮沉海。不一会儿，水手就把最大的铁炮推进了海中。一桶桶水从船上倒入海中，所有重物品都被丢进了海中。为了进行最后一次尝试，前桅也被切断了。可是军舰仍旧未能浮动。

几名炮手尽可能准地向围攻船尾的炮艇发射剩余炮弹。可是由于船身倾斜，一侧大炮指向水中，另一侧瞄准的却是天空。训练有素的美舰炮手也无能为力，敌人很快便意识到了他们的优势。敌军炮手躲在美军无法还击的地方，向高处瞄准"费城号"的桅杆。他们击毁了帆桅和索具，试图破坏军舰，防止美国人逃跑。

中午，班布里奇及其官员承认他们已经没有任何希望。正如班布里奇后来向托拜厄斯·里尔描述的那样："我们的处境就好比一个被捆在木桩上的士兵要面对另一个全副武装的敌人。"[2]这位倒霉的年轻船长生平第三次被迫投降。

班布里奇下令将火药弄湿，用炮弹堵住船泵。他派木匠用钻子在船底凿洞，确保当船落入海盗手中时失去航行能力。想到22年前在约克镇战役美国人得到了英国海军密码本并对其造成了巨大损害，班布里奇将美军的通讯密码副本撕成了碎屑，并命令将文件烧毁后丢到船外。手枪、步枪、弯刀、长矛以及其他武器都被扔进了海中。如果他要将船移交给帕夏，班布里奇一定会确保它是件最不值钱的战利品。

下午四时，美国海军"费城号"降下了它的旗帜。

再次羞辱

倒霉的威廉·班布里奇痛不欲生。这比他在"乔治·华盛顿号"担任船长时的遭遇还要更加耻辱。"费城号"投降的第二天，他对妻子写道："当我们的船在礁石上搁浅，上帝本来可以慈悲的赦免我，让我的脑袋被敌人射中。"[3]

"费城号"的旗帜降在了甲板上，敌人的炮艇停止了攻击。不过奇怪的是，的黎波里的炮艇并没有朝美舰驶来。这些海盗船似乎不相信他们的好运气，他们害怕登船后会有埋伏。最后，恼怒地要求班布里奇派遣一名军官和一艘小艇前往充当人质，让敌人确信他们和平投降。于是，10月31日6时，的黎波里海盗登上护卫舰，爬上了舷缘。

对于海盗来说，美国人看上去十分奇怪。许多水手担心皮肤会被中午的太阳曝晒，而沙漠的晚上又十分寒冷，所以穿了三条或四条裤子，并将食物藏在里里外外塞满的衣服里。穿多衣服的水手成了被检查的对象，海盗一层层撕开衣服，撕破口袋并抢走手表、钱、戒指等任何值钱的物品。军官的剑也被抢走，他们的外套被扒了下来。海盗抢东西的速度很快，他们穿着新衣服在船上巡视。一名海盗想要从班布里奇的脖子上抢走放有他妻子照片的吊坠盒，班布里奇做出了反抗。[4] 当这些船上的强盗开始抢夺美军的私人物品时，没有一个人会保证不会受伤。

海盗命令俘虏进入炮艇，向陆地划船，俘虏"被拔出的刀指着脑袋"。[5] 由于船太挤，有些人被扔进了海中，要么游到岸边，要么淹死。

当他们在帕夏的宫殿前登岸，俘虏被游街示众，接受高兴的的黎波里人的嘲弄。他们被赶到帕夏的精锐卫队面前。这些卫队装备着金光闪闪的军刀、步枪、手枪和战斧。当俘虏经过时，一些卫兵朝他们吐痰。

他们来到帕夏的城堡，眼前出现的是一个接一个的黑暗大厅和楼梯，这里通向一间装饰华丽的客房。客房铺着大理石地板和高贵的地毯，墙壁上装饰着精致的珐琅制品。这些人被安置在半圆形区域，仰视高高在上的王座。王座上有天鹅绒坐垫，镶嵌着黄金和珠宝。上面则是帕夏本人。他穿着一件镶金丝绸旗袍，戴着一副硕大的、装饰着丝带的白色头巾。他那宽大、布满钻石的腰带上别着两把金色手枪和一把军刀。

他的仪态给美国人留下了深刻的印象。这位三十五岁左右的男人，身材高大，胡须又长又黑。他对新俘虏的囚犯一言不发，在"他用胜利自满的眼神盯着我们，满足了自己的虚荣和好奇心"[6]之后，解散了俘虏。

军官们在帕夏的城堡吃了顿饭，然后被带到了卡斯卡特领事离开前居住的美国领事馆。在那里，他们睡在垫子和地毯上。班布里奇请求会见丹麦领事尼古拉斯·C.尼森，卡斯卡特离开后曾将美国外交事务托付给他。尼森承诺他尽可能提供些基本生活用品。第二天，尼森给了他一些床垫、毛毯和几篮水果。在接下来的几个月中，他会给囚犯送一些钱和物资。

军官可以使用废弃的房屋，获得充足的食物，可其他船员却处于困境之中。许多人到达时已经浑身湿透，欣然接受了其他囚犯带来的干衣服，但再没有见到他们的制服。第一天晚上，船员没有吃到任何食物，在室外的一个庭院席地而睡。

第二天早晨，"费城号"的船员被穆拉特·莱斯司令质问，这位来自苏格兰的叛徒曾指挥过梅舒达号。彼得·莱尔嘲笑班布里奇："拥有一艘44炮护卫舰、300名士兵，却向几艘小炮艇投降，这人肯定是……一个懦夫或者叛徒。"[7]最后，船员被分了些粗面包，然后关押在一所暗无天日的监狱之中。许多人不得不或坐或站了一整夜，除了破烂的帆布以外，什么盖的也没有。

很多水手被派去修建城墙。四五十人一组搬运大石块，石块重量高达 2 到 4 吨，有些竟达 16 英尺长，最后被装在车轮直径为 10 英尺的粗糙推车中。就像带上轭的牛一样，水手不得不去拉笨拙的车子，手持步枪和鞭子的士兵在一旁把守。"我们光着头、赤着脚干活，"船上的木匠伊莱贾·肖报告说，"我们的脖子被太阳晒出了一个大水泡。"他们经常被士兵鞭打，"我们饥饿难耐"，需要补充干净的食物。[8]

不过，被俘虏的军官可以不用劳动。他们从住所房子顶部的天台可以看到城镇开阔的景色：帕夏的宫殿、港口还有远方的地中海。在天台上，他们伤心地看着"费城号"，斜立着搁浅在礁石上。监禁的第一天，港务船来回穿梭，从美舰运回战利品。大量打捞的衣物被卖给俘虏，但是面对高昂的价格，只有很少几名官员能够赎回自己的物品。

领事馆提供了笔和纸，班布里奇船长并没有给妻子写信，而是将这次事件正式汇报给国务卿。"不幸让我不得不向您汇报这个让我一生都会痛心疾首的事件，"他感叹道，"我十分遗憾地通知您美国海军'费城号'护卫舰已经损毁。"[9]

班布里奇认为军舰已经无法挽救，现在正在海浪中慢慢腐烂并毁灭。几个小时后，他登上了领事馆的天台，看到大副、木匠与五十名船员一起被带上了"费城号"，看守在一旁监视。海盗

113

感觉到一场暴风雨即将到来，希望早上的风暴潮会让"费城号"离开暗礁。如果发生了这种情况，木匠会在监视下快速维修军舰，然后水手将驾驶她驶进港口。

海盗准确地预料到了天气。一阵剧烈的西风吹起了"费城号"。曾经搁浅的"费城号"被上涨的潮水抬升后离开了礁石，获得了自由。尽管班布里奇曾下令木匠在船身钻洞，可是海盗逼迫木匠重新修补船只，坚固的"费城号"又可以航行了。

班布里奇又一次失算。如果他再坚持几个小时，他可能已经驾驶军舰离开了礁石。就这样，他再次做出了不必要的投降。现在"费城号"已被的黎波里海盗完全占有，彻底成为了帕夏引以为豪的战利品。普雷布尔的第二步战略——袭击的黎波里——现在彻底以失败告终。

第十二章

月黑风高

> 向任何敌人投降都是莫大的羞耻，但屈服于一个尚未开化而野蛮的敌人，都会成为被蔑视的对象，颜面扫地。
>
> ——美国海军"费城号"威廉·班布里奇船长

普雷布尔准将对"费城号"的命运一无所知，直到 11 月中旬，他派托拜厄斯·里尔，携带行李与妻子一同前往阿尔及尔总领事馆赴任。

上岸之后，普雷布尔发现这是一座友好的城市。理查德·奥布莱恩仍然在这居住，为了让里尔上校熟悉新环境，他会一直待到春天。总督在外出差，不过奥布莱恩带他们参观了城市。

普雷布尔在阿尔及尔参观了统治者的果园、马厩、粮仓还有船坞。游客绕着宫廷花园转了一圈，普雷布尔觉得这样精心栽培的花园让他们"不能自拔"。这一天过得非常愉快，他写信给缅

115

因州的玛丽，他认为阿尔及尔正处在"一个令人羡慕的局面"。作为一个谨慎的人，他同时承认，"暴君的反复无常会把它变成一个危险的住处"[1]。

美国海军"宪法号"于第二天起锚。普雷布尔再次回到了严酷的海军生活，准备执行上级分配的任务。他下令军舰向的黎波里航行，加入班布里奇的行动。

11月24日，当"宪法号"接近撒丁岛海岸时，一艘悬挂英国国旗的中型船只进入了视线。达到喊话的距离后，这艘外国护卫舰自称是皇家海军"亚马逊号"。它的英国船长告知普雷布尔"费城号"被俘的消息，这让普雷布尔顿时大惊。

准将很快把阿尔及尔一天的快乐抛在了脑后。刹那间，摩洛哥的外交成功似乎变得很久、很远。这个地方曾让他幻想在春天征服的黎波里，可是现在，一切都在这片沙洲上戛然而止。

班布里奇及其306名手下沦为俘虏的消息让他心痛不已。普雷布尔知道，总统的新命令几个月后才能到达，即使目前得不到命令，也必须要想办法解放"费城号"的船员。他曾差点死在英国泽西号监狱船上，对囚禁的恐怖和磨难刻骨铭心。他清楚地明白这些事件的发生紧紧关系到美国的荣誉。

随后，消息变得更糟。普雷布尔直奔马耳他，在那里他收到了班布里奇船长的信。信中提到，"费城号"不仅仅是美国海军失去的一艘军舰，它现在还可能被的黎波里海盗利用，将炮口对准美国人。普雷布尔收到了信件，强大的护卫舰正在帕夏的注视

116

下改装。潜水员已经回收了大量被扔到搁浅礁石上的武器。装上打捞出水的武器，"费城号"现在比任何一艘巴巴里舰队的军舰都要强大。

准将立即致信华盛顿，请求国会派遣更多的护卫舰。就在几周前，当他的四艘同型号军舰成功威慑了摩洛哥的苏丹，他打出了胜利的招牌。从那时起，"纽约号"、"亚当斯号"和"约翰·亚当斯号"这三艘船就已经向美国返航，大大削减了兵力和军舰的数量。的黎波里领导者肯定觉得美国无能，定会向美国总统索要赎金，释放美国海军。

"这件事对我造成了难以形容的打击。"他向海军部长倾诉道。普雷布尔同样也对"宪法号"的孤军奋战感到担忧。"如果这艘船发生任何意外"，他焦急地说，"对我们在该海域的商业造成的后果将会不堪设想。"由于减少了军舰数量，他再也无法发挥霸主地位。充其量，也就能骚扰敌船。

虽然没有胜算的概率，但普雷布尔绝不容许他的对手占据上风。他认为，"费城号"决定全局胜败，必须从战争中消灭。斯蒂芬·迪凯特上尉和他的朋友查尔斯·斯图瓦特上尉是普雷布尔领导下的两名年轻军官，他们自告奋勇，要求驶入的黎波里烧毁"费城号"。普雷布尔告诉他们，这次任务"极其危险，后果不可估量"。[2] 他没有说明的是，如果他们被俘，他再也无法承受失去另一艘船造成的损失。

普雷布尔向迪凯特承诺，一旦计划成熟，他会让迪凯特负责此次任务。普雷布尔越是琢磨计划，越是感到其中的危险性——可是不入虎穴，焉得虎子？他直截了当地向海军部长写信："就算冒险也要摧毁她。"他承认，这可能意味着损失一些士兵。他甚至还不知道这些小舰队怎样去执行命令，但他早已下定决心。

"一定要做。"他写道。[3]

但首先他们需要制订一个计划。

俘获敌船

1803 年 12 月 23 日，也就是在班布里奇被俘的两个月后，普雷布尔的"宪法号"和"企业号"一前一后在海上航行。两艘军舰组成了一支不错的团队，"企业号"沿着巴巴里海岸航行，而"宪法号"留在更深的水域中，互相交换信号。

虽然普雷布尔还在损失"费城号"的沉痛之中，但他下定决心封锁的黎波里，可是冬天的残酷天气让封锁举步维艰。风暴天气持续了两个星期，美军不得不停泊在西西里岛的锡拉库扎港。这期间，"企业号"装上了新的索具，"宪法号"换上了新帆。没有封锁的限制，的黎波里海盗又在海上肆意穿梭。不过现在，美国人回来了，准备与其战斗。

12 月 23 日早晨 8 点半，在的黎波里以东九英里的地方，"宪法号"桅顶的瞭望员站在桅顶欢呼起来。他在地平线处发现了两根桅杆。于是，普雷布尔向"企业号"发送信号，追赶他们发现

118

的船只。"宪法号"紧随其后。

年轻的斯蒂芬·迪凯特指挥纵帆船"企业号"。正如其他水手一样，他发现巡逻和封锁港口是件枯燥的工作。毕竟只要封锁得当，美军基本上无事可做，因为海盗船都躲在港口。从本质上讲，他更喜欢冒险。他早先在地中海巡航过两个小时，但没有遇到任何敌人，而莫里斯准将的无能让迪凯特更加渴望与敌人一决高下。他希望在普雷布尔的领导下，能够获得机遇的垂青。

现在，为了追赶身份不明的船只，"企业号"挂上了英国国旗，希望伪装美舰的身份。时间还不到一小时，迪凯特的船员就发现了他们的目标——的黎波里旗帜。风向的转变帮助企业号逼近船只，不过后来却骤然停止。到了 10 点钟，的黎波里船长认为皇家海军没有什么威胁，于是与二十几个手下站在甲板上，等待迎接即将到来的军舰。

当两艘美国军舰突然降下英国国旗，升起星条旗时，的黎波里船陷入一片混乱之中。"企业号"的火力拥有着压倒性的优势，体积也是这艘船的两倍，小小的商船主人只能束手就擒。

登上的黎波里商船的美军军官通过一名翻译得知，船的主人是一名土耳其人，他的目的地是君士坦丁堡。根据船长的描述，这艘船叫"马斯迪古号"，只是一艘在奥斯曼注册的小商船，正沿着海岸航行，打算在的黎波里和班加西停泊。11 名船员都是希腊人和土耳其人，他们与船长表述的一致。不过，船上各色各样的乘客却让美国人感到奇怪。除了 42 名非洲奴隶之外，还有两名的黎波里官员带着 10 名士兵。这艘船还在甲板上安装了两门大炮，这显然对于一艘商船来说并非寻常，而且甲板下面又存放了两门，还有一些步枪和手枪。

"马斯迪古号"没有携带任何英文护照，所有美国人都不能读懂上面的阿拉伯语和土耳其语。但"宪法号"的一名医务官道出了船长的一段故事：几周前，普雷布尔聘请彼得罗·弗朗西斯科·考西罗博士为他的医务官，考西罗给准将的舰队带来的不仅仅是医疗知识。他曾是帕夏的私人医生，熟悉的黎波里及其当地市民。当他查看商船的船员时，他认出了船长与其官员。于是便告诉普雷布尔，这里没有无辜的商人。这艘船曾参与过"费城号"的俘获行动。[4]

这艘小船只有 60 英尺长，12 英尺宽，对全船的搜查也没有花费很长时间。经搜查证明，医务官的判断是正确的。一名美国水手在"马斯迪古号"上发现了一把军剑，它属于"费城号"的一名上尉。这足以让普雷布尔确信，这些人确实参与了美国护卫舰的掠夺行动。

于是，"马斯迪古号"转而沦为了美军的战利品，普雷布尔命令士兵登上该船。他们将把她驶向锡拉库扎，海事法院将于二月份审判该船，并正式宣布其归美国所有。

不过届时，她会被授予新的名字、新的主人，并被命令返回的黎波里港。

普雷布尔一直忙于收集有关的黎波里的行动情报，其中最好的信息来自威廉·班布里奇。被软禁在的黎波里，班布里奇可以用他的双眼还有尼森领事提供的望远镜看到港口发生的事情。不仅如此，他还掌握与美国人沟通的渠道。帕夏允许他寄信，相信一名俘虏是他获得赎金支付的最佳代言人。因为寄信以前都要经过监管者过目，所以班布里奇不能简单地汇报侦查结果，最起码不是通过正常方式。

班布里奇下定决心，即使在囚禁期间也要有所作为。他发现了一种能够透露军事消息的秘密手段。起初，他在通信中使用一种暗码。当帕夏开始怀疑该代码后，班布里奇采用"隐显墨水"——一种石灰或柠檬汁的混合物。使用该方法，当把信纸拿到火上烘烤时，上面隐藏的信息就会显示成可读的棕褐色字体。写信用的信纸和笔记本都是从热心的尼森领事那里借取。就这样，威廉·班布里奇为普雷布尔秘密计划奠定了基础，提供了巨大帮助。[5]

自被俘以来，班布里奇汇报了港口情况，包括来来回回的巡洋舰。他列出下水和正在建造的船只。他统计过"统治者的海军（我尽可能掌握）"[6]配备的大炮数量。最有价值的是，他向其指挥官通报了帕夏关于"费城号"的计划。

12 月初，"费城号"的大炮已被重新安装到甲板上。她依旧停泊在港口，她的存在勾起了班布里奇痛苦的回忆，十月的那天发生的一切至今让他心有余悸。不过，她的存在也让他迁思回虑，一个秘密计划正悄然诞生。

12月5日，他写信告诉普雷布尔，计划用弹药摧毁"费城号"。班布里奇认为可以派"一艘商船……驶入港口，船员秘密转舵，直接登上护卫舰"。时至冬季，许多炮艇已经从港口拖到了海岸，所以任务面临着的黎波里炮攻的危险微乎其微。据班布里奇所知，只有四门海岸炮可以攻击"费城号"。他认为这次行动肯定会让的黎波里海盗措手不及。

船长虚心地提出了自己的计划。毕竟，"费城号"的被俘影响的是他的荣誉，而不是普雷布尔。"我恳请您不要觉得我太自负，"他写给普雷布尔说，"我的建议是从实用性角度去推测的。"

读完班布里奇的信之后，普雷布尔意识到，费城号问题的解决也许不是一次自杀性任务。如果他仔细考虑，迪凯特的勇猛和班布里奇的侦察可能已经给出了一桩解决方案。或许普雷布尔手头上就有着合适的棋子：幸运的是，他已经拥有一艘"商船"——"马斯迪古号"；要说勇气，跃跃欲试的迪凯特上尉似乎是最佳人选。

哈梅特的选择

与此同时，普雷布尔正秘密策划一桩更大的战略。拥有杰斐逊和麦迪逊的授权，伊顿领事和其他人仍继续与尤瑟夫的哥哥西迪·哈梅特·卡拉曼利协商。他仍然希望从帕夏手中夺回的黎波里的王权，不过这需要美国的帮助。收到哈梅特代表的信件之后，普雷布尔约他们在马耳他见面。

他们告诉普雷布尔，哈梅特曾前往埃及亚历山大，现在仍然流亡在外。但他也有一个计划，而且有很多追随者。哈梅特将组建一支庞大的阿拉伯军队。如果美国人能够一同冒险并提供海军支持，这股力量可能从埃及经陆路进军的黎波里东部的一座省会城市德尔纳。哈梅特和伊顿相信，凭借美国的海上援助，的黎波里将会成功易帜。

哈梅特也对美国人做出承诺，而且普雷布尔知道该承诺肯定会让他的上级满意。如果美国人向他提供所需资金和军事装备援助，一旦哈梅特夺取帕夏的王位，他将释放所有基督教奴隶和俘虏，包括"费城号"的307名船员。他还同意与美利坚合众国保持永久和平。此外，他允许的黎波里成为美国海军的永久基地和主要驻防堡垒。

虽然普雷布尔未经华盛顿批准无法做出任何承诺，但是他双手赞成该计划，立刻向海军部长表明了此意。"虽然缺乏资金、弹药、野战炮兵……他认为我们的海上援助会帮他占领的黎波里；我十分肯定用不了两个月就可以实施行动。"[7]他鼓励哈梅特的访问代表说，请告诉他们一旦我方舰队和火力到位，就会向的黎波里发动攻击。

123

双方在会议期间达成了积极意见，此次行动将于春夏之际完成，普雷布尔的预设更加提前。普雷布尔并没有向哈梅特代表透露半点关于"费城号"的计划。即使敌方偷听到计划的冰山一角，也可能会导致灾难性的失败，许多士兵会因此丧命。

1804 年 1 月，普雷布尔在马耳他参加了另一次会议。的黎波里大使转达了帕夏的要求：10 万美元赎回囚犯。的黎波里人在谈话中承认他们没有经验丰富的水手驾驶大型护卫舰，美方可以用一艘纵帆船换回"费城号"。面对大型护卫舰，这位苏格兰叛徒穆拉特·莱斯司令也无能为力。然而，普雷布尔并不急于与他们交易。原因之一是，他缺乏对方索要资金；其次，他希望可以不用赎金解决。

一次危险任务

命令让事情变得简单。"今晚进入港口，"普雷布尔指示，"登上护卫舰'费城号'，烧掉她后全身而退。"[8]

此次命令的行动者是斯蒂芬·迪凯特上尉，可是当他就要执行命令时，老天爷却变了脸色。2 月 7 日，他的两艘军舰靠近的黎波里海港，可是从北方吹来的大风迫使美舰向东远离目的地数英里。三日后，风虽然停了，但迪凯特的小舰船"无畏号"和"妖女号"用了五天时间才回到有效作战位置。

"无畏号"的环境特别拥挤，她的前身是"马斯迪古号"，被重新命名并改装为军舰。军舰设计配备 24 名船员，而现在却承载 75 人。由于铺位还不到目前人数的三分之一，迪凯特与其他三名官员和一名医务官共同分享舱室。许多船员睡在老鼠出没的木桶之中。面对变质食品、波涛汹涌的大海还有沉船的忧虑，船上的士气却依旧高涨。2 月 16 日早上，"无畏号"终于接近了目的地。

按照行动计划，"无畏号"应打头阵，因为她模仿当地船只的外观，装备了短桅杆和三角帆；她的出现应该不会触发任何警报。"妖女号"会与其保持五英里的距离。此次任务由普雷布尔和迪凯特策划（班布里奇协助指导）。他们命令改变军舰的双桅船外观，"妖女号"被重新喷漆。她的顶桅被移除，而且炮门也被关闭。

夜幕即将降临，"无畏号"在城镇东部的港口抛锚。随后，当"妖女号"抵达后，"无畏号"和"妖女号"的船只趁着夜色向"费城号"驶去。然后，上尉和准尉带领几队士兵登上护卫舰纵火。他们即将烧毁军舰，鼓舞美军士气并夺走敌人的优势。如果成功，这将是一场釜底抽薪的妙计。

几乎同时，计划出现了纰漏。迪凯特意识到，驶入的黎波里有些过于潦草行事：通常帆船都是缓慢航行，"无畏号"行驶的速度过快会在天黑前提前到达，徒增危险。美军不敢收帆，商船故意降低速度则会引起哨兵的怀疑。迪凯特命令部下将一根拖绳抛到船外，拖绳上装有梯子、桅杆、水桶和木材，希望通过增加坠物的阻力减缓船速。

仓促将拖绳抛入水中之后，接下来进入了令人紧张的几分钟。船速终于被减缓，而且看似全速前进，水手们都松了一口气。他们的计划奏效了，他们可以在夜色的掩盖之下避免暴露踪迹。

迪凯特命令大部分船员留在船舱之内。甲板上一次只留6人活动，他们穿上马耳他商船水手的制服，上面配有艳丽的金色穗带。船上扬起英国国旗，以便迷惑岸上的敌人。他们驶入英国在的黎波里修建的防御工事视线之内，此时，英国领事馆向挂有英国国旗的"无畏号"挥旗致敬。

对于迪凯特来说，缓慢驶入的黎波里可谓是苦乐参半。他曾主动请求率领部下执行此次危险任务，并迫切地想要证明自己在战斗中的勇敢。他希望，此次任务的成功会让他晋升为一名美国海军舰长，因为只有少数人才能获得此职位。可是，他的任务是摧毁一艘由同胞集资和家乡的船匠修建的护卫舰。而这艘船的第一任船长就是他的父亲——老斯蒂芬·迪凯特。

黄昏时分，风势减弱。7点钟，"无畏号"顺利通过入港口的狭窄巷道。迪凯特发现，尽管"无畏号"故意放慢速度，妖女号还是在不断减弱的微风中远远落后。一场海军博弈就要打响：计划定于10点钟发动袭击，这会让迪凯特花费大量的时间应对"费城号"。"妖女号"遥遥落后，无法及时赶上"无畏号"。

对于迪凯特来说，此次行动务必要凯旋而归。他谨记普雷布尔的命令："我对你的"无畏号"和"企业号"都是信心十足。"[9]迪凯特清楚他的选择，要么中断任务，要么让"无畏号"孤军奋战。

黄昏已至，他做决定的时间越来越少。莫里斯领导下的失败行动让他愈挫愈勇，而普雷布尔的信任却让他豪情满怀，于是，迪凯特下达了命令。他告诉部下，不管"妖女号"能否赶上，"无畏号"都要继续前行。

一名准尉记录下迪凯特朴实无华的一句话："数量越少，荣誉越大。"[10]

夜幕降临，"费城号"的身影在一弯新月的光芒之下依稀可见。她是迪凯特及其手下的伤心之地。她的前桅只剩下一节残木，顶部帆桁被放置在甲板上。失去了船帆，她再也无法单靠自己的力量航行。港湾中，几乎没有当地船只在海面上行驶，不过眼前这只庞然大物让所有来访者都为之震惊。假设这艘超级巨舰重新恢复火力，然后被的黎波里海盗操控，会是怎样的后果？光是想想就令人恐惧。

"无畏号"让自己在海湾中缓缓前进，几乎感受不到的一丝微风吹动着她的船帆。船员越来越靠近城墙，城堡和岸上的防御工事仿佛在渐渐升高。面对城市的白墙和壁垒上装备的炮台，迪凯特的小船此时显得格外渺小。城墙上的任何哨兵都能看到他们，可是小船的外观没有引起他们的警惕。

将近 10 点钟，"无畏号"与"费城号"达到了喊话的距离。

按照迪凯特的命令，七十名船员全部保持沉默，他们听到了一阵交流声。

一名的黎波里人从高大的护卫舰上面喊话。他操着一口方言，命令小船赶快离开。

虽然站在舵旁，迪凯特保持了沉默。取而代之，萨尔瓦多·卡塔拉诺回答了对方。卡特拉诺是一名西西里人，因为熟悉巴巴里港口，所以被普雷布尔聘请。他有着南地中海水手的口音，这种口音混合着柏柏尔语、阿拉伯语、意大利语、西班牙语、葡萄牙语和马耳他语。

卡塔拉诺回复说，他的商船上周被暴风吹离了港口；他们在寻找一个安全的地方固定船只过夜。他解释说，他们不想干扰港口其他船只停泊，他们将在早上到岸边寻找新的抛锚点。

上面传来另一个人的声音，询问在"无畏号"航行方向上观察到的另一艘船的名称。卡塔拉诺给出了一个早已熟记于心的回答，而且这肯定会让"费城号"的船员满意。他告诉询问者，根据他们的观察，那艘船应该是"转移号"。该船曾是一艘英国军舰，最近被帕夏在马耳他收购，能够加强的黎波里的海军力量，的黎波里对它已期盼已久。

卡塔拉诺的回答让"费城号"的水手很满意，"无畏号"和若隐若现的护卫舰分别派出了冟船并将他们连到一起。冟船很快被系上了绳索，不一会儿两艘船很快就被拉到了一起。

当"无畏号"接近时，一名目光犀利的的黎波里水手发现情

128

势不妙。或许他看到了"无畏号"的船锚，或许在舷墙后潜伏的数十名水手中，佩戴的剑反射出亮光惊动了他。不管怎样，游戏就要结束了。

"美国人！"那人大呼。

卡塔拉诺临危不乱，再一次做出了回复。他保证船上只有马耳他和英国人。"无畏号"的船员继续拖拽绳索，两艘船越靠越近。

"美国人！美国人！"惊呼声再一次传来，可是，警告为时已晚。当两船碰到一起，斯蒂芬·迪凯特立即下令登船，同时纵身一跃，跳到"费城号"的主链之上，爬向十二英尺高的甲板。

"登船！"迪凯特大喊道，行动一触即发。

"行动之势迅雷不及掩耳。"医务官助手刘易斯·赫尔曼后来写道，"所有人都屏住了呼吸；接下来，登船士兵就像一群蜜蜂般挂在船的一侧；刹那间，所有人都登上了护卫舰。"[11]

没有人听见枪响。由于敌军要塞的炮火离此处只有几百码的距离，迪凯特曾下令，船员只能用刀剑，尽可能少地引起敌军的注意。船上约三十名的黎波里人，其中有十几名想要乘小船逃跑。那些想要与我方打斗的人，一名准尉回忆说："他们发现我们的真实身份后惊慌失措。这些可怜的家伙！将近 20 人被砍死，剩下的都跳下了船。"[12]

野蛮的战斗不到十分钟就结束了，岸上的哨兵还蒙在鼓里。随后，烧船行动开始了。十名水手跑到卧铺舱和前储藏室放火，另外十几名去军官室和下士舱，而第三小队进入驾驶舱和库房。驾驶"无畏号"小快艇的第四小组监视着运送乘客和物资的港务船，其余八人待在双桅葄船上。

纵火人员带着三英寸长的蜡烛，为了提高可燃度，灯芯上蘸有松节油，而且每组都携带一对提灯。制服的黎波里的反抗兵以后，可燃物被迅速从"无畏号"递了上去，带到了"费城号"的舱内。训练有素的行动进展神速，几分钟后，士兵各就各位，等候迪凯特的下一道指令。

他从船头走到船尾，对每个舱口下令："放火！"于是，水手举着从提灯里点燃的蜡烛，在船的各个部位点燃熊熊烈火。

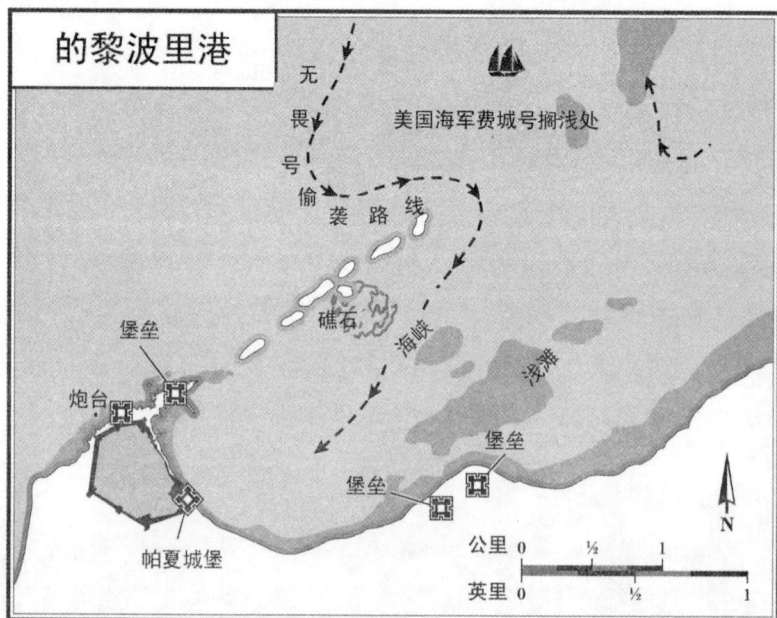

的黎波里港

无畏号偷袭路线

美国海军费城号搁浅处

堡垒

炮台

礁石

海峡

浅滩

堡垒

堡垒

帕夏城堡

N

公里 0　½　1
英里 0　　½　1

当水手快速回到甲板上，令人窒息的浓烟从舱口的横梁处滚滚升起。水手和军官跳回到"无畏号"后，火焰很快窜了出来。迪凯特看着最后一名手下爬上双桅船的甲板。在此次行动中，只有一名水手负伤，无一人阵亡。迪凯特最后一个离开"费城号"，他不得不跳上"无畏号"的索具，那一幕让所有人都感触万分。

回到他们的小船后，船员试图逃离，却暂时被困。火焰从"费城号"的每个炮门向外咆哮，危及到逃离船的前桅棉帆。他们用剑砍掉连接两艘船的绳索，但小船仍然一动不动。冲天烈火似乎要吞噬周围的每一寸空气，将"无畏号"拖进火海。迪凯特下令拖拽船首，这时，船才开始扬帆而行。八名水手各在一侧，持续滑动巨大的船桨直到进入开阔水域。

"无畏号"在撤退时遭到了的黎波里的大炮和步枪的扰乱性射击，可是瞄准度很差的火炮仅仅击中了她的顶帆。比起岸上的齐射，"费城号"的大炮更具有威胁性。随着火势蔓延到甲板，船上的大炮发生了爆炸。然而，即使护卫舰大炮的爆裂声也不能淹没美国水手出海的欢呼声。那时，大火已经吞噬了桅顶，开始燃烧顶部的索具。熊熊燃烧的火柱傲视整座炽热的城市，给的黎波里的夜空带来了既恐怖又壮观的一幕。

1804 年 2 月 16 日的夜晚，所有被囚禁的"费城号"船员永远不会忘记的日子。

港口的骚乱惊醒了城市，俘虏在监狱的围场里听到了女人的尖叫、刺耳而又嘈杂的男人声还有港口开炮的声音。"无畏号"

和"妖女号"昨日下午就已经与港口遥遥相望，美国俘虏猜测着会有什么好事发生。城堡的大炮朝着"无畏号"不断射击，监狱的地板都感到了震动，战斗的火炮声代表着希望。

水手威廉·雷报告说："在混乱声里，我们经常听到'美国人'这个词，因此我们希望一些同胞能够登陆，解放我们。"[13] 直到第二天早上得知"费城号"被烧毁的消息后，他们才放弃了救援希望。曾经引以为傲的军舰如今已石沉大海，绳索烧毁之后，她的船锚终于得到了自由。现在她只是一座冒烟的空壳，剩下一排长长的船骨浮于水面之上。从此，这艘护卫舰再也不可能作为一艘海盗船下水。

美舰的烧毁是美国海军的胜利，而对于俘虏来说则是一次打击。一天前，帕夏还期望美国人能够履行囚犯救赎条约，他送给监狱两桶猪肉和牛肉。而现在，随着费城号的燃烧，所有友好意愿瞬间烟消云散。船员雷伊回忆说，狱卒"就像来自地狱的恶魔，冲向我们，开始殴打他们看到的每个人。朝我们脸上吐唾沫，发出的声音就像地狱的毒蛇……在街上遇到的每个男孩都会朝我们吐痰、扔石头；我们的劳动增加了一倍，我们的面包被克扣，每名看守都比原来严厉并残酷十倍"[14]。

迪凯特对同胞的苦难浑然不知，他和他的手下安全航行两天后，抵达了锡拉库扎港。看到"无畏号"和"妖女号"出现在视野中，普雷布尔感到格外欣慰。一周前，他的舰队遭遇了风暴天气，他曾一度担心小船的适航性。两艘船都有可能遭遇不测，不过他们没有。

　　信号旗迅速升起。美国海军"宪法号"发出信号："你们是否完成任务?"

　　时间在护卫舰的后甲板上焦急地嘀嗒作响。然后，回复旗缓慢的发出了信号。普雷布尔十分满意收到这样的消息："是的，我已完成任务。"

第十三章

的黎波里之战

> 我知道短兵相接不是小孩过家家，要么杀掉对手，
> 要么被杀。
>
> ——斯蒂芬·迪凯特上尉[1]

四个多月过去了，华盛顿无一人得知"费城号"的消息。1803 年秋天以前的信件都被堆存在马耳他，水手的家信、普雷布尔的急件以及领事的书信都未寄送。普雷布尔准将偶然发现帕夏的前任领事竟不识英语，长期延误了四大摞信件。这些信件于 2 月初才开始了大西洋之旅。[2]

这意味着杰斐逊总统仅仅了解到"费城号"的搁浅，却不知道它于 1804 年 3 月 19 日已经被烧毁。这也意味着，尽管普雷布尔十分努力，华盛顿连续第三个冬天收到的皆是巴巴里海岸传来的悲讯。

杰斐逊的政敌利用护卫舰的被俘消息进行大肆炒作。3 月，亚历山大·汉密尔顿在《纽约晚邮报》将其称为"杰斐逊节约主

义的一堂实践课"[3]——争吵的焦点是，如果向地中海派往更多的军舰，可能会避免该损失。杰斐逊并没有反驳，而是前往国会推波助澜，坏消息意味着需要更强大的火力。一周之内，他授权划拨一百万美元补给舰队，新建两艘军舰并租用若干艘炮艇。另外，他向国会提交了一条法案，建议提高 2.5% 的关税，用于组建"地中海基金"，以备战争所需。众议院一致通过了该法案，而参议院也于当天以 20 比 5 的通过率通过。

四艘护卫舰受命向地中海航行。几乎所有美国海军都加入了行动，或在北非海岸服役，杰斐逊打算"一定要让现在的敌人屈服于我方条款，要有效地制止其他巴巴里列强任何针对我国的敌对行为"。[4]"总统号"、"国会号"、"埃塞克斯号"及"星座号"需要时间去改装和补给，因此新舰队直到夏天才能返回该海域，但新舰队涵盖了所有身经百战的军舰，美国海军的全部力量终于被召集了起来。

国务卿麦迪逊在幕后悄悄抚慰费城号 307 名俘虏家属，向他们提供"总统的慰问"，但他未做出任何承诺。美国政府不会斥资赎救班布里奇船长及其部下，因为"这会助长其他巴巴里国家甚至的黎波里的嚣张气焰，让他们再次选择侵略"。[5]

然后，迪凯特成功突袭的消息如雷霆闪电般响彻华盛顿。"费城号"烧毁的消息早已经震惊了欧洲，正如纳尔逊勋爵对迪凯特此次功绩的称赞——"当前时代最大胆勇敢的行动"。[6] 听到这个消息后，杰斐逊立即授予勇敢的上尉舰长头衔（尽管迪凯特直到九月才得知晋升)。经投票通过，国会为迪凯特授予仪式剑并奖励其手下额外两个月薪酬。一时间，全国上下举国欢庆。六月初，一场名为"勇夺'费城号'"的哑剧在纽约上演。

斯蒂芬·迪凯特与 75 名船员化羞辱为荣耀，表现出了大无畏的英雄气概。对于杰斐逊来说，这种局势的转变同样具有现实意义。一位巴巴里领事对詹姆斯·麦迪逊说："在帕夏的堡垒下公然火烧'费城号'……这是一场绝无仅有的事件，将迫使他们对'美国性格'保持一定的尊重。"[7]这是一次进步，一次美军期待已久的标志性行动，能够一举在巴巴里地区打出气势。

非和平即战争

与此同时，在大西洋的另一边，普雷布尔准将决定进行一次和谈——他希望能够换来"费城号"船员的自由。1804 年 6 月的一天，一队美国军舰向的黎波里港口行进。普雷布尔船长留在阿格斯号，"企业号"监视西部海域。他派"雌狐号"与新舰"天灾号"一同向东部航行，"天灾号"是最近从的黎波里海军俘获的一艘军舰。

他命令"宪法号"挂起白色的休战旗向城市起航。1804 年 6 月 13 日中午，"宪法号"在 24 英尺深的安全水域抛锚，普雷布尔为理查德·奥布莱恩准备了一艘驳船，带着美国的和平条款去会见帕夏尤瑟夫·卡拉曼利。托拜厄斯·里尔总领事无法离开阿尔及尔的岗位，不得不委派奥布莱恩作为他的代表。

小船越来越接近岸边，奥布莱恩可以看到一些"费城号"的军官朝他挥舞着帽子。在这一天结束之前，除了释放俘虏以外，没有什么事情能让他高兴起来。

普雷布尔对奥布莱恩的命令听起来很简单："要努力赎回我们那些不幸的同胞，前提是帕夏有和谈的意愿。"[8]里尔授权了一笔更大的赎金，但普雷布尔强调必须是合理的条款。奥布莱恩从上级接受的赎金为 4 万美元，还有给总理和其他官员 1 万美元的"礼品"（指贿赂金）。虽然有可能达成和平条约，但普雷布尔对奥布莱恩说："我不会用一分钱去换取和平。"[9]支付赎金只是一种延迟策略而已。

帕夏的代表让奥布莱恩在沙滩上等了一个小时。这位被普雷布尔称作"暴君"的的黎波里统治者仍然对"费城号"在他城堡之下公然被烧的行为耿耿于怀，他拒绝接见奥布莱恩，而且拒绝了他提供的赎金报价。他觉得这样的报价对他是一种侮辱，与他所期望的差之千里，他甚至怀疑美国人此次的真正动机是在搞间谍活动。考虑到奥布莱恩可能会收集有关城市和军备的情报信息，帕夏拒绝让美国领事进入城镇并禁止他会见班布里奇船长或访问其他囚犯。他禁止美国人把为俘虏准备的衣物运送上岸。当奥布莱恩返回"宪法号"时，帕夏的手下立刻丢掉了休战旗。

结论显而易见。普雷布尔又一次在日志里写道："我们必须狠狠打击并挫败他的野蛮高贵，打掉他现在的嚣张气焰，向我们的意愿低头。"[10] 劝导与和谈并未奏效。美国人不得不用另一种方式对付帕夏，强制他以合理的方式做出回应。普雷布尔认为，炮击才是王道。

威廉·伊顿的间谍行动

与此同时，"费城号"的消息对于身处国内的威廉·伊顿来说是一个好消息。1803 年 3 月初，他被突尼斯贝伊驱逐出境，之后便回到了美国。5 月，他抵达了波士顿，在马萨诸塞州中部的布里姆菲尔德镇与妻子团聚；那时，他们已经在大洋两岸四年未曾谋面。然而，到了 6 月份，他大步行走在首都的大街上，想要"催促政府采取更有力的措施打击的黎波里海盗"。[11]

伊顿多么渴望政府能够支持他的计划，帮助流亡的哈梅特·卡拉曼利夺取帕夏尤瑟夫的王位。按照他与普雷布尔的策划，他还希望远征队的领导者能够在亚历山大港着陆，与哈梅特一起向德尔纳行进。作为美国方面的说客，伊顿向众议院议长致信，详细介绍了策反计划，并与国务卿麦迪逊进行了会面。在与总统内阁的会谈中，伊顿"努力惩罚罪恶……回击巴巴里的侵略行动"[12]，他认为杰斐逊比较"开明"，而总统的司法部长却有些"苛刻"。战争部长对此表示怀疑，不过海军部长罗伯特·史密斯最终被伊顿说服。一向乐观谨慎的伊顿用最好的西班牙钢材为自己定制了一把老式弯刀。他还订购了帐篷、坐垫和烹调设备。他要为行动做好一切准备。[13]

伊顿在普雷布尔那边至少还有一个盟友，但有一阵事情毫无进展。国会会期结束以后，伊顿前往北部地区。他几乎整个夏天和秋天都在新英格兰照看他那贫瘠不堪的农场。然而，在接下来的国会会议期间，他又回到了华盛顿。早先他的提议遭受了种种漠视，可是"费城号"被损毁的消息打破了这种平衡。一时间，他的观点受到了华盛顿的各方面的支持。1804 年 3 月 30 日，在护卫舰搁浅的消息轰动华盛顿的第 11 天，那时该舰被烧毁的消息尚未传达，伊顿被"任命管理'企业号'，前往巴巴里海岸"。[14]

对于这个年轻的国家来说，那是个多事之夏。由梅里韦瑟·刘易斯和威廉·克拉克领导的探险队开始了密苏里河的旅行。7月，亚历山大·汉密尔顿在与副总统艾伦·伯尔的决斗中中枪身亡。拿破仑在欧洲挑起的进一步冲突让美国的外交事务扑朔迷离。

此时的杰斐逊总统正处理一场家庭悲剧。4 月，他心爱的玛丽因难产而死。玛丽就是"波莉"，那是很久以前杰斐逊为女儿起的小名，她的航海安全曾经让巴巴里海盗问题变成杰斐逊的私人顾虑。玛丽临终之时，杰斐逊和她的丈夫都守在床前。后来，她被埋葬在蒙蒂塞洛母亲的坟旁。波莉的过世让杰斐逊悲痛欲绝。"我的损失确实太大，"他在六月写信给一位朋友说，"人可能会失去财富，而我连最后的一半也已失去……我曾期待告老还乡的那一刻，把国家大事留给后人去做。我曾想过要完成最后一件大事，荣归故里。可是，这点希望也荡然无存。"[15]

杰斐逊担任总统的第一个任期马上就要结束，然而波莉的去世熄灭了他对生活和领导权力的热情。前第一夫人艾比盖尔·亚当斯，也就是曾经为杰斐逊的朋友和对手约翰·亚当斯的妻子，打破了多年的交往沉默，带来了最诚挚的吊唁。这个举动第一次修补了两个家庭的友谊，1800年那次争执不下的选举曾深深地破坏了他们的友谊，让两人变得势不两立。

不过世界大事并没有停止杰斐逊的哀悼。伊顿的探索又前进了一步，他获得了上级的命令，担任哈梅特的联络人。麦迪逊给巴巴里总领事托拜厄斯·里尔写信授权了该计划，不过他还是用一贯谨慎的方式通知对方。"关于与的黎波里帕夏的哥哥合作事宜……我们愿意从我方利益出发。"[16]麦迪逊还命令里尔向伊顿提供2万美元资助该计划。

同时，美国的战略也做出了其他改变。普雷布尔已经光荣的完成了使命，到了更换将领的时候。他准备返回家乡，而塞缪尔·巴伦准将接替了他的职位。在"费城号"被烧毁的两年前，巴伦曾经在第一舰队担任"费城号"的船长。海军部长在巴伦的任命信中同样授权了一个与帕夏有关计划，他提到："我们相信，你会发现伊顿先生对你非常有用。"[17]

多次延期之后，巴伦准将的舰队于1804年7月5日从诺福克起航。威廉·伊顿也在他的旗舰上，扮演美国海军巴巴里外事代表这一角色。伊顿的年薪只有1200美元，当务之急他要在计划地面进攻之前赢得巴伦的大力支持。

他知道自己正经历终身难遇的一次冒险，但他却并不了解今后的战争会演变成怎样的程度。

一次小胜

1804年8月3日，地中海的战争终于爆发了，地点正是剑拔弩张的帕夏海港。

普雷布尔准将的黎波里海岸花费了大量时间与惊涛骇浪较量，他试图在那里保持封锁状态。7月在一阵狂风之中结束，普雷布尔指挥着重新分组的舰队，同样面临着新的忧虑。他知道跟随他的纵帆船"雌狐号"和"鹦鹉螺号"都十分适航，就像在海港封锁数周的横帆船"阿格斯号"和"妖女号"一样。然而，他无法确定那些从西西里岛租来的六艘炮舰和两艘迫击炮艇的情况，现在它们正与帕夏开战。普雷布尔虽然同意租用这些船只和部分水手，但他担心这些平底海港船是否能够经得住外海的恶劣天气。

不管怎样，他将命令它们加入战斗。

天气终于放晴，普雷布尔从"宪法号"的甲板上观察着敌人。通过望远镜，他观察到城墙上的防御工事共有115门大炮。配合城墙大炮的是19艘炮艇和一些小型海盗船，它们以长长的礁石带掩护。巨大的礁石带就像淹没在水中的石墙一样，在公海的美国舰队和庇护海港之间耸立。美国和盟军军舰的联合火力由 132 门大炮和 2 门臼炮组成，实力与的黎波里火炮相当，但普雷布尔的大多数短筒炮火力有限。尽管如此，普雷布尔依然相信他和他的部下能够"将帕夏的旧城墙击毁"。[18]他所需要的只是机会。

8 月 3 日中午，普雷布尔终于发现了打击敌人的机会。他在两英里外发现敌方炮艇从礁石后驶出，暴露于开阔水域。于是，发布命令信号：准备战斗。

海军准将发布了最后命令，整个舰队都听到了他进攻的号声。横帆船和纵帆船连同炮艇一起从半路驶向礁石屏障。炮艇从那里可以驶入海岸，四艘较大的军舰将留在更深的水域。炮轰船在城市的西部留守。"宪法号"跟随小船开往港口。伴随着普雷布尔的进攻信号，战斗打响了。

2 点钟，炮艇独自作战，凭借着帆和桨的动力向港口航行。2 点 30 分，旗舰升起了蓝旗，随后是黄旗和蓝旗，最后则是红旗和蓝旗。这是开始作战的信号，宪法号向港口进发，横帆和纵帆船跟随其后。

15 分钟后，第一门臼炮开火。炮艇没有发射实心炮弹，而是装有火药的空心弹。炮弹以弧线轨迹飞入城中，一些在半空中爆炸，致命的弹片从四面八方坠落。

的黎波里士兵进行回击，美国炮艇也不甘示弱。现在，"宪法号"与的黎波里的炮台只有一英里的距离，开始发射长炮。炮手在"宪法号"的舷炮处躲避，城墙的大炮停止了开火，不过当军舰驶过时，的黎波里士兵恢复了攻击。"我现在最想做的是夺取一艘护卫舰。"普雷布尔说道。[19]

尽管炮弹炸到了主桅，但美舰"宪法号"表现不错。普雷布尔站在附近，一枚炮弹击中了船上的大炮，弹片炸碎了一名水手的胳膊，不过普雷布尔却没事，只是衣服撕开了一些口子。[20] "宪法号"和其他军舰提供火力掩护，激烈的战斗在海岸线附近展开。那是一场炮艇对炮艇、士兵对士兵的战斗。

城堡内，美国俘虏只能听到一些枪炮的隆隆声。市民在的黎波里街头混乱不堪，竞相寻找他们的枪支。帕夏如愿以偿，在三年的不满之后终于迎来了一场全面战争。

虽然美国炮艇以6比19的数量少于敌军，但击败了敌船。斯蒂芬·迪凯特率领一艘炮艇，与四艘炮艇和一艘滞后炮艇一同作战，朝两艘的黎波里船近距离平射，直到他们躲进内港的礁石后才停火。迪凯特的船开始寻找其他猎物，他的弟弟詹姆斯指挥的一艘炮艇与其他两艘一起紧跟其后，他们的目标是海港西部航道口的五艘敌船。美军展开了一轮霰弹和步枪射击，敌船退回了港口。

后来，美国舰队盯上了东部九艘敌船编队。迪凯特和他的手下直接驶向敌船，想要登上他们的船只。美国人希望以其人之道还治其人之身，跳到敌船上，用枪、剑、矛和斧头与他们近身肉搏。这种战术对美军来说并不有利，因为24个美国士兵将会遭遇50名的黎波里海盗。然而数量劣势并没有让迪凯特畏惧："我一直认为我们能用敌人的方式狠狠教训他们一顿,让他们尝尝我们以一敌二的厉害。"[21]

时间刚过3点钟,他便获得了一次证明自己信心的机会。

炮艇追上了敌人,实心弹一轮轮向敌人发射。美军最先靠近最西端的的黎波里船只,敌人用手枪朝他们射击。不过在他们重新装弹之前,美军从舷缘爬至敌船舷缘,登上了甲板。

血腥十分钟过去了,迪凯特的19名士兵击毙了16名的黎波里士兵,打伤了15人,逼迫敌军投降5人。迪凯特亲自降下的黎波里国旗。

同时,斯蒂芬的兄弟詹姆斯·迪凯特上尉锁定最大的的黎波里炮艇,向敌人发起了猛烈炮击。炮艇接近敌船之后,詹姆斯·迪凯特和他的手下准备登船。此时,的黎波里船上大部分船员已被步枪或霰弹击毙或打伤,船长下令降下旗帜向美军投降。

一时间,迪凯特两兄弟双双立下战功。

詹姆斯为登船队打头阵,跳上了这艘投降的的黎波里船。当他这样做时,奸诈的黎波里船长近距离朝他开枪。[22]年轻的上尉被子弹击中了前额,在两船之间坠入海中。美国士兵将他们的指挥官从水中拉了上来,的黎波里炮艇的船长下令船员向海港撤退。

一个无耻的行为塑造了一个勇敢的军官,他的血液在甲板上流淌,命悬一线。

斯蒂芬·迪凯特炮艇正拖着俘虏船只,恰巧碰上了詹姆斯的船。很快，船员告诉斯蒂芬，他的弟弟目前在生死之间徘徊。

刹那间，战争的兴奋感消失了，迪凯特眼神充满了复仇的怒火。他带上 11 名船员，开始对诡计多端的敌船展开了追击，发誓一定对这个刽子手船长毫不留情。在迪凯特的船员中，有些人曾参加过火烧"费城号"的任务，决心誓死跟随他们的领导者。他们在随后的战斗中证明了自己。

他们拼命地划船，发现了可恨的敌船。随着一声大喊，士兵们齐拥而上。

迪凯特直奔那位个头高大、四肢发达的敌船船长。他挥起长矛与敌人搏斗。长矛是一只镶有铁矛头的木棍，那是一种具有长度优势的近战武器。可是迪凯特的对手避开了他的攻击，用一只手抓住了长矛的木柄，然后是两只手。双方僵持不久，强壮的的黎波里船长就将迪凯特手中的长矛夺了回来。

对手使用自己的武器还击，迪凯特立刻拔出军刀应对厮杀。虽然他打歪了长矛，但手上的刀柄却断了。

片刻之后，对手瞄准迪凯特的心脏再次刺了过来。迪凯特一跃而起，但矛头刺入了他的前胸。他抓住武器，两人跌倒在甲板之上。迪凯特设法夺回武器，并将刀片从伤口中拔出。

"叮当"一声，长矛被抛了出去。

现在双方都已赤手空拳，扭打在了一块。的黎波里船长伸手拿出了腰间的小匕首，此时一名的黎波里水手看到他的指挥官身陷危险，举起手中的武器向迪凯特砍去。

这下，迪凯特死定了。不过当的黎波里水手手持弯刀向迪凯特的颅骨砍去时，一名叫作丹尼尔·弗雷泽的水手用身体挡住了弯刀，保护了他的船长，那时他已经负伤。弗雷泽头部受到了严重伤害，而船长仍然继续战斗。

虽然肩上已是血迹斑斑，迪凯特将对手的刀刃挡离了喉咙。他用另一只手掏出口袋中的手枪。他紧握手枪，让枪管远离自己，扣响了扳机。

子弹击中了的黎波里船长的腹部，他倒了下去。

迪凯特赢得了这场战斗。他成功打败了的黎波里海盗。然而不久，弟弟的噩耗让他陷入深深的沉痛之中。

夜幕降临，丹尼尔·弗雷泽和詹姆斯·迪凯特都危在旦夕。尽管自己负伤，斯蒂芬·迪凯特整个夜晚都在弟弟身边。黎明时分，弗雷泽仍然在死神手中挣扎，可是詹姆斯已被宣布海葬。根据他哥哥的第一位传记作家的记录，斯蒂芬在弟弟去世时说："我不愿看到他的牺牲，我多么想再见到他。"[23]

虽然另一个中尉遭受了严重的刀伤，詹姆斯·迪凯特仍是唯一一名牺牲的美国人。这次行动美军只有十一人负伤，曾经为救迪凯特受伤的丹尼尔·弗雷泽也从受伤中恢复。敌军确切的伤亡人数不明，但至少有 50 人死亡，受伤的人数或许是美军的两倍。

在两个半小时的战斗和轰炸中，的黎波里失去了 6 艘炮艇。海岸防御工事也遭受到了一些损害，不过打入城镇的 50 枚臼炮造成的伤害并不大。这对普雷布尔来说是美好的一天，不过比起绝对的胜利依然十分遥远。比炮弹更有用的是那些死伤海盗，他们会说服帕夏考虑和谈。

几个星期以来，普雷布尔尽最大努力骚扰的黎波里海盗。8月7日，他的舰队从西部炮击城市，不过结果不尽人意。大多数炮弹落在了帕夏城堡之外。一艘敌军炮艇让普雷布尔的部队损失惨重，炮击并杀害了十名美国船员。

8月7日也是普雷布尔得知他被巴伦准将接任的一天。这让普雷布尔感到十分羞愧。虽然上级长官换任的决定言之有理，但他决定直到准将到来时才动身返回美国。在此之前，他将继续履行职责。8月24日夜，普雷布尔出动了一艘炮艇袭击城市。这次行动并没有对帕夏的防御造成多大的损失。可是普雷布尔并不知道，一枚炮弹穿过了班布里奇船长房间的一面墙。当时他正熟睡在床，炮弹从另一面墙反弹，随后卷下了囚犯的被褥。班布里奇只是被掉落的墙砖擦伤，没有遭受重伤，不过脚踝的受伤会让他在数周之内一瘸一拐。

8月28日，另一次夜袭炸沉了一艘炮艇，但考虑到弹药供给不足还有巴伦可能会随时到达，舰队需要一个新战略。普雷布尔决定再一次对"无畏号"委以重任，这很可能是他在的黎波里的战争的收官之战。如果不能结束战争，他至少要震慑帕夏，逼他求和。

"无畏号"自2月份运送迪凯特及其部下，执行"费城号"任务以来，一直作为运输船使用，从锡拉库扎运送淡水和补给品。然而现在，普雷布尔决定再次派遣这艘前"马斯迪古号"深入的黎波里执行危险任务。可是这一次，"无畏号"再也没有返航。

普雷布尔亲自监督，将"无畏号"改装成为一枚"定时炸弹"。美军利用木板，在其甲板下堆放了 5 吨弹药。甲板之上堆满了 113 英寸和 59 英寸炮弹，与铁屑和生铁块放在一起。"无畏号"变成了一枚漂浮的炸弹。

根据炮手的计算，点燃引爆装置后，船员只有 11 分钟逃离时间。船尾的一个小房间放满了药引和其他可燃物。这样做是为了阻止的黎波里人登船，美军将以最快的速度划船逃离，直奔港口入口处的"鹦鹉螺号"。

直到九月初，舰队对的黎波里发动了一轮又一轮的轰炸，等待着完美时机。然后，9 月 3 日的晚上八点钟，"无畏号"放下缆绳，向的黎波里驶去。

那晚没有月光，"无畏号"在微风中前进，迅速滑向港口。鹦鹉螺号跟随其后，在距离海港西入口 700 码的地方停了下来。

静夜星空，"无畏号"的船长理查德·萨默斯和船员只能孤军奋战。他们的任务极其危险，乘坐一个巨大的火药桶，他们承担的是双重风险。由于封锁，的黎波里海盗现在很可能缺乏火药。一旦发生变故，"无畏号"落入敌人手中，大量的弹药可以让战争变得更加漫长。萨默斯一定不会让这一幕发生，他要求陪同他执行任务的成员必须是完全自愿，一旦敌军登上"无畏号"，会"用火柴点燃弹药库，与敌人同归于尽"。[24]

"鹦鹉螺号"的水手望着"无畏号"渐渐驶入的黎波里。几分钟过去了，小船在昏暗的夜色下失去了踪影，似乎驶入了海港航道。这时传来两声枪响，难道是的黎波里炮台发出的警示枪？接下来的只有沉默，"鹦鹉螺号"的船员焦急地等待着。

在接下来的十分钟，唯一能听到的是海浪拍打的声音。

根据"宪法号"的日志记载，晚上9点47分，一束光芒突然照亮了天空，的黎波里的城堡、尖塔和城墙清晰可见。片刻之后，震耳欲聋的爆炸声震动了美舰，甚至远在6英里以外的宪法号也感到了冲击。

寂静再一次降临，这一次让人觉得更加深沉。

"鹦鹉螺号"的瞭望员睁大了他们的眼睛，希望看到萨默斯和他的手下划着两艘小船安全返回。普雷布尔从更远的抛锚处焦急地等待着，希望天空出现一道火光，因为如果萨默斯和他的手下逃离港口，他们会按照约定发射信号火箭。可是，天空仍然一片漆黑。

随着太阳的升起，普雷布尔向海岸派出的三艘船报告说，的黎波里要塞和海军都完好无损。

最后，船体的遗骸出现在海面上，"无畏号"的龙骨和肋材在礁石带的外围搁浅。船尚未靠近帕夏城堡时就已经爆炸，其中的原因不得而知（被狙击手袭击？偶然遭遇火花？当的黎波里海盗接近时，萨摩斯点燃了火药？）。帕夏授权班布里奇船长检查遗骸，"六人被炸得粉碎，海岸上躺着烧焦的尸体"[25]。很明显，即使不用确认，也绝对没有人生还。

普雷布尔最后一次逼迫帕夏投降的尝试失败了。

班师回国

9月9日，正当普雷布尔的旗舰在的黎波里海岸巡航时，美国海军"总统号"和"星座号"如期而至。普雷布尔命令撤下他的长旒旗。塞缪尔·巴伦准将抵达后，普雷布尔正式宣布卸任舰长职位，他开始将思绪转至国内。

"巴伦准将的到来接替了我的舰队指挥权，我注定是要回去了。"失望的普雷布尔给玛丽写信说。[26]然而在出发前，他将花数小时与巴伦开会。跟随巴伦一起航行的威廉·伊顿也参与了此次会议。三人最关注的事情则是伊顿帮助哈梅特·卡拉曼利的计划。

伊顿安慰普雷布尔说，虽然他被巴伦接替，但他可以昂首回国。即使爱德华·普雷布尔无法留在地中海看到战争一步步走向结束，可他在任期内已经与摩洛哥达成了和平协议。担任准将期间，他的部下用战斗证明了他们那超凡脱俗的勇气。即使普雷布尔没有实现他希望的更大的胜利，他在该地区的成绩已经为其杰出的职业生涯翻开了又一页光荣篇章。

1805年3月4日，普雷布尔终于抵达了华盛顿，他受到了当之无愧的英雄礼遇。尽管他对自己的表现并不满意，但其巴巴里之旅在世人眼中只有"成功"二字。他曾与的黎波里交战，摧毁过海盗船，确保了"费城号"不为敌人所用威胁祖国的利益。鉴于他的成就，总统以贵宾的礼遇欢迎他，国务卿在家中为他大摆庆功宴，费城、特伦顿和波士顿都为他准备了欢迎盛宴。除此之外，美国国会还为他颁发了一枚用其肖像制作的荣誉勋章。在巴巴里海岸的英勇战斗和运筹帷幄让他成为了一个美国传奇。

美国人仍然沉浸在普雷布尔和迪凯特胜利的喜悦之中，可是存在一个他们无法忽视的事实：尽管美国的海上胜利赢得了部分巴巴里国家的尊重和让步，但是的黎波里仍然顽固不化，充满了敌意。普雷布尔回国后的几个月中，总统及其顾问开始把希望寄托于伊顿的计划。或许一次陆地战争和政变可以最终解决的黎波里问题。

第十四章

开辟新战线

一位懒惰的土耳其人斜倚在一张绣花沙发上，旁边
一名基督教奴隶托着烟管，另一名端着咖啡，还有一名
在驱赶着苍蝇，看到这一幕，我着实感到恶心。

——威廉·伊顿[1]

杰弗逊政府将是否帮助哈梅特的决定交到了地中海官员们的手中。如果伊顿进一步开展行动，总领事里尔和准将巴伦不得不同意伊顿的尝试。在他们的跨大西洋航行中，威廉·伊顿就其计划向塞缪尔·巴伦准将做了慷慨激昂的辩论。

伊顿如律师般的辩论十分强劲。他坚持认为，只有地面战争才能迫使尤瑟夫接受美国的和平条款。他指出，最熟悉该地区政治情况的两位美国人，理查德·奥布莱恩和詹姆斯·利安德·卡斯卡特，全部赞成哈梅特夺权。抵达地中海后，他们发现普雷布尔船长也赞成此举。

即使巴伦对如何执行该计划依然感到迷茫，可是他难以拒绝

这些经验丰富的巴巴里官员的集体意见。尽管有些不情愿，但他同意提供伊顿运输船去寻找被废黜的帕夏。

但不是所有驻地中海地区和处理巴巴里外事的官员都认同伊顿的计划。托拜厄斯·里尔总领事是美国在该地区最重要的国务院代表，他抱怨哈梅特缺乏兵力或者影响力，对美国的用处有限。让人不解的是里尔持反对态度的初衷，到底是基于对哈梅特实力的怀疑还是顾忌到该计划会削减自己的权力？普雷布尔准将指挥期间，里尔在美国外交关系方面扮演的角色处于次要地位。普雷布尔认为实现和平只能靠武力而非谈判，这让里尔的工作退居二线。随着巴伦的到来，准将现在突然被束缚在船舱之内，而且患上了肝脏疾病，里尔看到一扇大门向他敞开，他终于有了用武之地。伊顿的计划同样依靠军事力量，而非谈判，很可能会再次关闭里尔的大门。

海军陆战队

尽管里尔上校疑虑重重，伊顿的计划还是得到了批准。上级授权他去找哈梅特协商，组建一支阿拉伯军队，帮助的黎波里迎来公正的帕夏。1804 年 11 月，伊顿带着上级的命令乘坐阿格斯号抵达埃及。这艘舒适的军舰设计搭载 142 人，当时船上只有伊顿的一支小队伍，包括 2 名准将、8 名海军陆战队士兵以及伊顿本人。

虽然伊顿的队伍远不及他希望的规模，但他仍然抱着很大的希望，其中一个原因就是海军陆战队与普雷斯利·奥班农中尉的存在。伊顿需要这样的军人，他们陆海作战样样精通。

奥班农体型轻盈敏捷，一头红发，他不仅舞跳得好，而且拉着一手漂亮的小提琴。他同样也是一名战斗天才。这位来自弗吉尼亚州皮埃蒙特地区的年轻男子，正渴望在异国他乡捍卫祖国的利益。海军陆战队以坚忍不拔著称，再加上他们的冒险精神和爱国主义，深深地吸引了这位意气风发的年轻人，他热切地接受了伊顿的计划。

当然，伊顿的十名手下开辟了新的历程。伊顿相信，这些忠诚的年轻战士很快就会加入到哈梅特在埃及的大规模军队之中。哈梅特的忠实追随者不久便会得到雇佣兵的增援。幸亏伊顿在北非有多年经历，他深知当地士兵的价值，这些士兵能够适应特殊的沙漠生活。他还相信，一旦哈梅特回国，那些有叛意的黎波里人将会倒向哈梅特的一边。一支精英部队即将诞生。

寻踪觅迹

然而，在伊顿和他的海军陆战队员帮助哈梅特以前，他们需要先找到他。1804 年，似乎没有人知道哈梅特·卡拉曼利的藏身之所。1803 年 7 月，流传着一种谣言，帕夏尤瑟夫已经派刺客前往东部德尔纳刺杀哈梅特，哈梅特不得不逃离到埃及。报告指出，身材清瘦、言语温和的前任帕夏仍然留在那里。可是具体在哪儿？为了逃离他弟弟的爪牙威胁，他似乎已经消失在撒哈拉沙漠之中。

1804 年 11 月，伊顿的第一个停靠港是埃及的亚历山大古城。抵达后，美国人发现那是一个四分五裂的国家。阿尔巴尼亚土耳其人代表奥斯曼帝国掌权，可是他们的统治只延伸到了开罗。在更远的上游则是叛军马穆鲁克的势力范围，他们的形成能够追溯到中世纪的埃及王朝。同时，法国和英国殖民势力近年来也已进驻该国。各势力一直在争夺埃及的政治利益的同时，埃及由于收成匮乏，饥荒四起。"埃及是一个无主之地，"伊顿在访问的几天后写道，"这里只有苍白无力和沉默忧伤的秸秆！"²

伊顿意识到，如果要找到哈梅特，他需要埃及人的帮助。于是，他结识并讨好当地人，给他们糖果和咖啡，最后了解到他要找的人就在河流的上游。然而，听到哈梅特加入马穆鲁克的武装力量后，他的心顿时凉了半截。马穆鲁克是奥特曼帝国的死敌，控制着河流入海口。假如找到了哈梅特，伊顿如何与他和他的追随者一同穿越奥斯曼领土？这需要一次不可思议的外交谈判，但即便如此，坚忍不拔的威廉·伊顿已经说服了总统、政府以及美国海军支持他的计划，勇敢地沿着尼罗河抵达了开罗。下一步，他要做的就是与埃及总督谈判。

与埃及交好

伊顿向南部探险，尼罗河引导他们深入埃及腹地。政局动荡在那里体现得淋漓尽致。这里政局动荡导致的千疮百孔随处可见。一伙流窜的土耳其部队逃兵抢劫了一座村庄，破坏了那里任何有价值或者有生命的东西。在一座城镇，美军被误认为是英国士兵，当地人"高兴地簇拥在他们周围"。只要士兵能够保护他们免受掠夺，他们便十分乐意提供帮助。[3]

英国领事的介绍信让伊顿成为了埃及开罗总督的客人。由于恰逢斋月，总督没有茶点款待客人，艾哈迈德·胡尔希德邀请伊顿在晚上九点会面。伊顿在英国领事的引导下来到了总督的城堡，欢迎列队手持火把开路，后面还跟着一些侍从、高官以及六匹装饰华丽的阿拉伯迎宾马。他注意到道路两旁的围观者足足有半英里长，庞大的人群"对这些来自新世界的外国人充满了好奇"。[4]作为一名伟大的访问者，他值得这样的欢迎。

总督本人似乎对美国产生了莫大的兴趣，他向伊顿提问了关于美国的许多问题，"我国领土的情况和规模；何时独立；我们正与哪国保持和平或交战；我国的产品和贸易，诸如此类。"两个人坐在一个宽敞的大厅里，伊顿汇报说，"我从来没有见过这样富丽堂皇的大厅。"他们并排坐在一张紫色刺绣沙发上，沙发上还有锦缎靠垫，他们在一起喝咖啡，抽水烟，吃果子露。

然后总督命令无关人等都退下，只留下伊顿和一名翻译。寒暄结束后，总督说："您在这样一个危险时期到吾国访问肯定不只是出于好奇，而是有更重要的事情吧。"

伊顿直奔主题。由于土耳其翻译法语比英语理解得要好，伊顿用法语回答，"我们与的黎波里的交往和关系。"他解释说，的黎波里帕夏已对美国宣战，而美国人希望结束战争。虽然伊顿经常被别人批评说话太直接，不过为了赢得总督对计划的支持，这次他表现得温和机敏。在恭维埃方的同时，他将自己的豁达与巴巴里王子的暴政做了鲜明对比。

他辩解说，伊斯兰教和基督教有很多共性。此话则是暗示埃及在信仰方面能够与其结盟。"我谈到伊斯兰教和美国宗教之间具有同源关系。两者都推崇一个上帝的存在和至高无上……双方都倡导人类的普世运动，禁止不必要的流血事件。"

总督不得不同意：的确，这些都是他的信仰箴言。

伊顿趁热打铁，继续谈论。

他告诉总督他正在寻找哈梅特："我声明，我们试图让他成为的黎波里的合法君主。政府和国家以叛国罪将他驱离，我们相信他的诚信，所以才帮助他恢复王位。"他解释说，美国无意侵占的黎波里，"我们出兵不是为了征服和掠夺他国，而是维护我们的权利"。美国只是要抵抗无理的攻击，捍卫其公民和国家的利益。

总督认为美国人是值得交往的盟友，"总督点头表示赞成，承诺派通讯员寻找哈梅特帕夏"。

伊顿的雄辩说服了盟友去寻找哈梅特。不过，现在他能做的只有等待。

总督没有食言，他派遣信使去上游寻找哈梅特。伊顿也派一名雇佣兵探寻他的下落。焦急的几个星期过后，信使找到了前任帕夏的住处，不过他们直到 1 月 3 日才转交了信件。五天后，伊顿收到了哈梅特的热切回应。

前任帕夏已经准备好出征，相信"上帝会帮助我们建立和平与安宁"。[5] 突尼斯一别数载，伊顿和哈梅特最终于 1805 年 2 月 5 日在开罗城外相遇。

乍一看，哈梅特看起来不像是一个强大的王子。他的两颊长有痘痕，下巴和嘴唇被长长的胡须遮住。一名美国船长这样形容哈梅特："这位和蔼可亲的男子肯定会对我们非常友好温和。"[6] 虽然他是位值得同情的人物，但他并没有表现出巨大的个人魅力，没有人形容他是一名勇士。

1795 年，他的弟弟夺取了王位，哈梅特似乎没有能力反击。时光一晃近十年，他仍然流亡在外，无法与被软禁的黎波里的妻子和四个孩子团聚。

伊顿认识到，即便哈梅特优柔寡断，他也能说服他为其所用。不过在他们启动伊顿设想的伟大计划之前，需要展开一次详谈。

作为美利坚合众国的代表，伊顿就各自承诺与前任帕夏展开了会谈。哈梅特需要确保美国人会支持他。同样，伊顿需要保证哈梅特一旦掌权后会对美国示好。经过谈判，他们达成了正式合约。

合约先是以"上帝无限"开头，接着便是美国政府和哈梅特即将重建的政府的友好誓言。依据合约规定，美国将为哈梅特夺取政权提供有关军事力量、资金和物资。作为回报，新任帕夏将无条件释放"费城号"囚犯。哈梅特还承诺把尤瑟夫和穆拉特·莱斯交于美国处置。合约经伊顿和哈梅特签署，普雷斯利·奥班农和英国领事进行现场见证。

合约签订后，威廉·伊顿策划三年之久的计划终于拉开了帷幕。美国将会从海上猛攻的黎波里并很快发动地面战争。与此同时，伊顿和哈梅特将召集一支军队，穿越五百多英里的多岩沙漠之后，抵达的黎波里第二大城市德尔纳，最终加入海军陆战队这一历史性的登陆战役。一经攻下德尔纳，他们将向西进军班加西。他们将攻陷该城市，然后乘美国军舰航行最后 400 英里后抵达的黎波里。这是一个大胆的计划，尽管里尔和其他人仍有疑虑，伊顿对该计划的可行性十分有信心。

第十五章

沙漠中的生死之战

战争结束，新月旗倒下！
面对破碎的城墙，星条旗笑了！
　　　　　——约翰·格林里夫·惠蒂尔
　　　　　　　1850 年德尔纳

1805 年 3 月 6 日，部队的长途跋涉开始了。四百名士兵从亚历山大出发，他们的目标是改写巴巴里海岸历史。队伍里只有十名美国人，包括奥班农上尉、一名准尉、一名海军陆战队中士以及六名海军士兵。哈梅特率领九十名的黎波里士兵。剩下的都是雇佣兵，他们大多是希腊和阿拉伯的骑兵和步兵。这是一支长长的队伍，部队的前方由主力军领导，后方至补给驼队渐渐消失。

作为新宣布的"将军、陆军总司令"，威廉·伊顿穿着一身制服、戴着肩章和蕾丝帽骄傲地行进，身上的纽扣和马刺在阳光的照射下表现出夺目的铜色。美国历史上一次最与众不同、大刀阔斧的军事战役在伊顿将军的领导下开始了。

一波三折

然而，德尔纳的征程刚刚开始就发生了叛乱，让整场行军陷入了困境。沿着海岸仅仅行军了三天，负责引导驼队的牧驼人要求提前支付雇佣金。优柔寡断的哈梅特却无动于衷，不过伊顿威胁说要放弃远征。叛变者终于平静了下来，于是这支小革命军以每天 20 英里的速度继续前进。

尽管沙漠充满了危险，伊顿却对它的壮观叹为观止。远征队穿越了许多令人难以置信的人文景观和自然景观。3 月 14 日，伊顿的部队来到了埃及和的黎波里分界的高耸的山脊，他记录说："经过一些古代防御工事的遗迹。"眼前的景象鼓舞人心，可是天公却不作美。长长的队伍不久便遭遇了从海岸刮来的雨水天气，雨绵绵不休，淋湿了士兵的衣物和补给品。白天的温度上升至近 100 华氏度，而晚上却骤降至零度。撒哈拉并没有让伊顿轻松地完成任务。

管理驼队的阿拉伯人会时不时提出新要求。他们抢夺了食物供应物资，驼队由于一些阿拉伯人的离开而越来越少。某个白天，奥班农和他的海军陆战队穿着带有红色衣领和装饰的蓝色制服，坚定不移地决心让他们在队伍里独树一帜，阻止了阿拉伯人进一步叛乱。太阳落山后，奥班农赢得了美国人、土耳其人、阿拉伯人和希腊人的欢迎。他带着他的小提琴，为整个军营拉奏——北非沙漠的岩石地带，第一次荡起了爱尔兰和阿巴拉契亚的小提琴旋律。

行军近一个月之后，伊顿的军队遇到了数千贝都因人。"我们是这些野蛮人第一次见过的基督徒。"伊顿写道。如他所愿，他的小部队开始扩充，八十名贝都因骑兵加入了队伍。4月初，伊顿说道："除了部队的跟班和贝都因人家庭以外，共有六七百名士兵，所有人加一块约有1200人。"[1] 部队向大海之上的高原行进，伊顿的军队正变得越来越强大，准备进攻的黎波里政府军。

叛　乱

然而，好景不长。4月中旬，面包和肉类补给品已经全部消耗，剩下的大米也仅能维持六日。远征队已经宰杀了一头骆驼充饥，海军陆战队将他们的铜扣卖给当地的贝都因人，以延缓几日。他们尽可能采集一些野茴香和酢浆草，但是每个人依然饿着肚子。族长们都命令阿拉伯人拒绝前进，队伍一度停滞不前。不过前往邦巴的信使带来了好消息，阿格斯号舰长艾萨克·赫尔已备好了新鲜食物，等待他们的到来。

伊顿拒绝停止前进。他知道，一定要在饥荒和疲劳两者之间做出选择。他认为，邦巴只有九十英里远，留在炎热的沙漠之中等于自杀。他们需要继续前进，他命令不前进就停止供应口粮。

帕夏走出营地，保持中立态度，不过阿拉伯雇佣兵准备突袭粮仓。伊顿读懂了他们的意图，命令奥班农与海军陆战队员站成一队。"约两百名远征军"[2] 停止前进，他们全副武装、身穿制服，在饥饿、绝望和怀疑的驱使下陷入了疯狂的恐慌。不过，奥班农手下的态度坚决而强硬，吓退了造反的暴徒。族长们想要命令手下射杀美国军官，可是正当他们掏出武器时，几个哈梅特的官员用阿拉伯语喊道："看在上帝的份上，不要开火！基督徒是我们的朋友！"奥班农及其连队依然坚定地站在那里，纹丝不动。

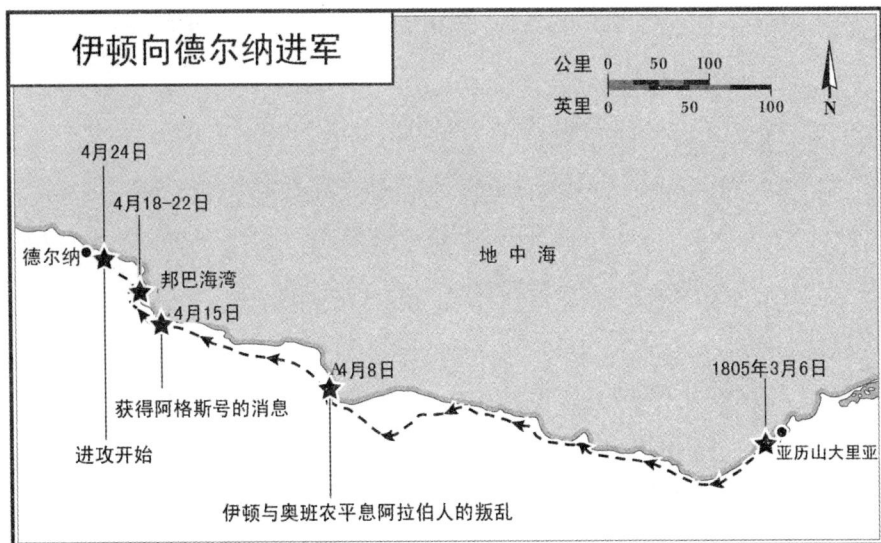

伊顿向德尔纳进军

公里 0 50 100
英里 0 50 100
N

德尔纳
4月24日
4月18—22日
邦巴海湾
4月15日
地中海
4月8日
1805年3月6日
亚历山大里亚
获得阿格斯号的消息
进攻开始
伊顿与奥班农平息阿拉伯人的叛乱

这时，哈梅特的军官冲上前去，拔出马刀吓退了叛变者。一场危机终于得以解除，至少晚上不用担心了，伊顿在他的日记中宣泄了他的不满。尽管表面上已经与他们的阿拉伯士兵达成相互谅解，伊顿指出："我们发现几乎不可能赢得这些偏执狂的信任，或者说服他们，作为基督徒，我们绝不是伊斯兰教徒的敌人。我们任务艰巨而道远！"[3]

　　一星期后，事情变得更加复杂。队伍进入了邦巴，士兵们饥渴交迫，精疲力竭，更加渴望休息。他们发现伊顿不断重复的承诺——美国军舰在邦巴等候，已经不攻自破：港口中没有停靠任何美舰。阿拉伯人和贝都因人立即宣布在次日早晨离开军队，返回家乡。不管期望如何愚蠢，美国人将继续前进，不过他们要单独行动了。

　　"现在考虑的是如何确保部队的安全，"伊顿写道，"我和我的基督徒士兵离去，整夜向我们后方的一处大山不断鸣枪。"他孤注一掷，希望大山的枪声不仅能够确保营队的安全，而且能够吸引美舰的注意。因为当地的侦察兵已经在几天前发现了他们的踪迹。

　　这种策略奏效了。第二天早上 8 点钟，一艘帆船出现在视野之中。"赫尔船长看到了我们的烟雾，向岸边行驶过来，"伊顿如释重负地写道，"语言无法形容信使心中的欣喜若狂。"[4]

"不是你死就是我亡"

"阿格斯号"驶入邦巴并卸下了它的货物,"大黄蜂号"在两天后紧随其后。军队整整享用了一个星期的盛宴,重整旗鼓后,他们于 4 月 23 日继续向德尔纳进军。途中,消息再次传到了军队,帕夏尤瑟夫听到他们征讨的消息,已经派一支军队保卫德尔纳。消息降低了近期高昂的斗志,让哈梅特开始担心家人和他的安全。"我认为帕夏(哈梅特)希望自己回到埃及。"[5] 伊顿观察到。不过,哈梅特还是恢复了信心。4 月 25 日,这支小型军队继续前进,在一座能够俯瞰其目的地的山脊上安营。

第二天早上,伊顿致函德尔纳总督。"我不想要任何领土,"他在信里说,"我只是想还贵国一个合法政权,让我们通过您的城市。对于我们需要的补给品,您将得到合理的赔偿……我将于明天见您,恭候您的选择。"[6]

刚到下午,伊顿收到了答复。"休战旗被退了回来,回答十分简单:'不是你死就是我亡!'"[7]

4 月 27 日,当太阳在撒哈拉沙漠升起,帕夏哈梅特、威廉·伊顿、普雷斯利·奥班农以及他们的雇佣兵、准尉、海军陆战队士兵、希腊人、阿拉伯人,还有那些一根筋却很勇敢的贝都因人,都在准备攻城。

占领城堡

1805 年 4 月 27 日，威廉·伊顿将军俯视德尔纳镇，谋划着袭击计划。

德尔纳位于地中海沿岸的弯曲处。总督的宫殿坐落于东部突出的一个角落，延伸至海湾湛蓝的海水之中。德尔纳配有一门十英寸的榴弹炮。由于省城已经传来消息说有敌军来犯，该镇已经装备了八门瞄准海面的大炮。为了防御陆地来袭，城墙上的房屋被开了暗洞，形成了一道火力防线。

伊顿计划从三条战线上进攻德尔纳。第一条是海上进攻，三艘美舰的火炮会炮轰城镇。第二条战线，使用巴伦送来的野战炮袭击，伊顿及其军队从东南方攻击城墙。第三条战线，哈梅特·卡拉曼利将率领一拨士兵从西部袭击城镇后方。

4 月 27 日上午，"鹦鹉螺号"将伊顿的武器送上岸。武器需要从狭长的海滩运到一个陡坡上，可是沉重的臼炮在滑轮车的帮助下也难以搬运，而且会消耗大量时间。伊顿想要迅速开始战斗，决定只搬运一门大炮。

4 月 27 日下午 1 点 30 分，战斗终于打响了。"阿格斯号"和"鹦鹉螺号"从距离海岸半英里的地方向城镇开炮。占据山坡有利地势，奥班农和他的手下伴随着臼炮的实弹发射，持续不断地进行步枪射击。"大黄蜂号"在距离城镇一百码的海上射击，德尔纳遭受了严重轰炸。

起初，攻击看似进展顺利。在 45 分钟内，德尔纳港口的大炮陷入了沉默。由于遭受到美舰的猛烈炮击，的黎波里士兵撤下港口大炮，试图加强易受攻击的南墙防御。

伊顿的炮手继续开火，直到炮弹炸碎了他们的推弹器。推弹器是一只长长的木制工具，能够发射炮弹，将弹药填充到炮膛。由于无法装填和发射大炮，奥班农和伊顿的士兵陷入了混乱。

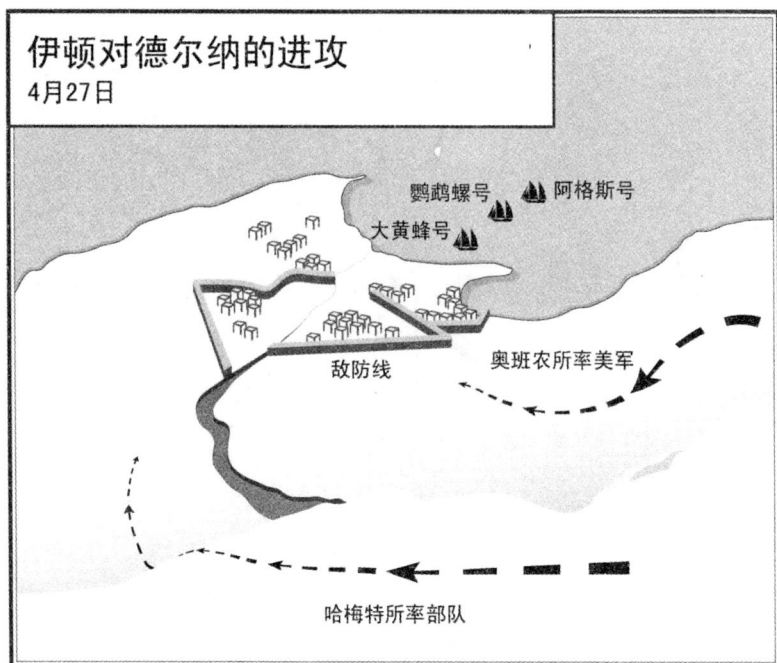

伊顿对德尔纳的进攻
4月27日

伊顿灵机一动，他发现只有一个选择：他下令士兵冲下山坡，直奔敌军防御的咽喉。虽然此举会对他不利，但他展示了自己的勇敢。

"我们向那些野蛮人冲了上去，以一抵十甚至更多。"[8]伊顿骑在马背上，率领部队疾驰而下，他在头上挥舞起特制的军刀，令敌人望而生畏。出奇的是，虽然他的长袍上出现了五个弹孔，但他并没有被敌人的炮火炸伤。[9]

在城市的另一边，哈梅特和他的部队占领了一所旧城堡，等待他们的信号。伊顿曾命令的黎波里人带领他的七百多士兵，从德尔纳西南部的一个峡谷中步行或骑行进攻城市。同情前任帕夏的族长们建议他可以在那部分城市中赢得多数人的支持。哈梅特的其他骑兵占据后方的环山，准备切断任何试图从的黎波里撤退的士兵的退路。

随着蓝烟在港口上空升起，伊顿欣喜地看到哈梅特的骑兵向城市俯冲而来。他知道哈梅特的部队正在城市的一侧激烈战斗，这点燃了他攻占城墙的勇气。伊顿、奥班农及其手下在军舰大炮的掩护下穿过海滩，不过他们仍然面临着堡垒步枪火力的威胁。

奥班农的七名士兵有一名倒下了，遭受重伤。另一名胸部被子弹击中，当场死亡。伊顿左手腕被步枪子弹击中。剩下的士兵继续战斗，他们的刺刀依然在挥舞闪烁。

让人数并不占优势的入侵者队伍吃惊的是，当美国人接近时，抵抗军开始向城镇撤退。正面进攻产生的恐慌愈演愈烈。城墙上火力不均的射击停止了，的黎波里的卫兵消失在城镇纵横交错的大街和复杂凌乱的房屋组成的迷宫之中。卫兵在撤退时只是做了些零星射击。

由于伊顿负伤，奥班农接替了全部指挥权。攻破城墙后，他领导士兵直接进攻海岸炮。降下帕夏的旗帜之后，奥班农在城墙上竖起了美国国旗。由于美舰的轰炸，敌军仓皇逃跑，留下的许多大炮仍然装有炮弹，可以随时发射。于是，奥班农将敌人的大炮转向敌军。过了几分钟，美军便夺取了高地和火炮。

同时，在城市的另一端，哈梅特的旗帜已经在总督府上飘扬。精心谋划多年，厉兵秣马数月，五十二天远征五百余英里，美军仅用短短两个半小时便一举攻陷了这座城市。

据统计，伊顿和奥班农率领的美国人和希腊人组成的分队共死伤十四人。其中，奥班农的海军陆战队士兵有两人死亡。哈梅特的部队和的黎波里武装没有确切统计，但初步估计伤亡数百人。

伊顿大喜。他的计划到目前为止进展依旧顺利，一支不到千人的军队竟击溃了四千敌兵。不过，德尔纳总督仍然未被捕获，他找到了一所清真寺避难。可是伊顿确信，胜利已经让众多的黎波里人倒向哈梅特，这同样告诉整个世界，美国人是不好惹的。伊顿已经证明，再遥远的距离也抵挡不住美国人的前进步伐。伊顿已经向世界宣称，哈梅特才是其国家的合法统治者，他将帮助哈梅特恢复王位和解放他的家人。哈梅特沉浸在胜利的喜悦之中，他将自己的宝剑送给奥班农，表示感谢。

德尔纳的攻陷给帕夏带来了愤怒和恐慌。帕夏尤瑟夫知道，哈梅特和美国人正找上门来。然而，伊顿的胜利将被一个突如其来的事件打入困境。

第十六章

尘埃落定

我们的被俘同胞已经重新回到祖国的怀抱，光荣的
条款写下了和平……

我们如愿以偿。

——《国家邮讯报》

1805 年 10 月 25 日

伊顿在德尔纳的大获全胜似乎让的黎波里军事胜利变得指
日可待。然而，里尔却抱有其他计划：他希望制定一个外交协
议，而且是完全按照他的意愿制定。

里尔从一开始就反对进攻德尔纳，他一心希望任务失败。
在他心目中，伊顿是一个失败的领事，一个只会舞刀弄枪的
武夫，甚至是名"疯子"。[1]他在该地区的存在削弱了里尔的外
交权威，里尔担心，军事上的胜利会破坏他为外交和平游说
的机会。

现在，里尔收到了伊顿成功的消息。里尔预测错了，他决心

171

要在这个消息上大做文章。仔细思考下，伊顿的胜利很可能被利用，结果不会是一个绝对的胜利，而是暂时的和平。

袭击德尔纳数周前，帕夏尤瑟夫已经有求和意向——不过要按照他的条款。如果美国交付 20 万美元的赎金，他答应释放班布里奇船长和费城号的船员。虽然里尔渴望达成协议，但他意识到该赎金有勒索意图，并拒绝报价。

然后德尔纳被攻陷的消息传来，里尔发现时机来了。他相信，哈梅特胜利的消息会引起帕夏尤瑟夫的恐惧。事实证明，他是正确的。

里尔不知道的是，当的黎波里帕夏听到 5 月 21 日德尔纳陷落的消息，他被吓得惊恐万分。"帕夏对其兄长的到来勃然大怒，他宣称……如果现在要他和谈并释放美国囚犯，他会很乐意去做，而且不考虑赎金……"一名"费城号"俘虏汇报说，"他由衷地后悔没有接受美国最后提供的和平条件。"[2] 如果当初里尔再强硬一些，对方可能已经答应请求，而且不再索要赎金。

相反，里尔低估了伊顿的胜利对巴巴里列强的影响。登上宪法号以后，里尔采取他所谓的强硬手段：为了释放"费城号"俘虏，他可以提供 6 万美元的赎金。在帕夏同意该条款以前，他拒绝上岸。

帕夏终于松了口气，挽救王位的机会到来了。6 月 3 日，他接受了这笔交易，双方达成了协议。两天后，里尔上校走进城市，被迎进了王宫。和平达成了，囚犯也重获自由——可是胜利却蒙受了耻辱。里尔竟然选择支付赎金释放美国战俘，更严重的是，他背叛了伊顿和哈梅特。作为交易的一部分，里尔承诺，所有美军将迅速撤离德尔纳。

止戈散马

伊顿、哈梅特及其手下还被蒙在鼓里，依然坚守战场，防备敌人的反攻。德尔纳的总督已经带着入侵部队的情报逃离，他利用收集的情况对美军展开了反击。由于敌军的反击依然存在，伊顿担心补给不足，还有长期的战斗会让士兵精疲力竭。他在日志中写下，忧虑的哈梅特开始变得"非常激动"。[3] 勇敢的德尔纳解放军牢牢地控制着城市，可是如果缺乏补给和增援，他们不可能无限期地坚守。

然而，伊顿能做的只有等待美国对其增援要求的回应。可是，他等到的既不是援兵也不是弹药补给。相反，他仅仅收到了一封信，该信建议说，和谈已经开启，没有必要展开也不会支持进一步的军事行动。

伊顿惊呆了。

更令人发指的是让他放弃德尔纳、返回祖国的附加命令。伊顿看得目瞪口呆，他满怀期望率领部队攻入班加西和的黎波里，而现在他接到的命令却是让他放弃战士用鲜血换来的土地，违背他对哈梅特的承诺。

伊顿拍案而起，立即给海军准将巴伦写下了一封长篇书信。他争论说，撤军对于这个只向武力低头的地区来说，将是一个危险懦弱的信号。"当然，他们或者这个世界，会将这次撤退置于不公正的解释：不管怎样这都是一次撤退———一次美国人的撤退！"[4]

伊顿在等到巴伦的回复之前不会撤军，依旧保持原地。将辛辛苦苦夺回的土地又拱手让于海盗，这让伊顿实在难以接受。6月11日，又一艘军舰驶入德尔纳海港，带来了新消息。

这一次，美国海军"星座号"带了命令，其中一封来自5天前与星座号会见的托拜厄斯·里尔。里尔称赞说："我们在德尔纳的同胞虽然人数寥寥，但表现出了英雄般的勇敢……让帕夏刮目相看。"战争已经正式宣布结束，可是里尔的条约对于伊顿来说是一个莫大的打击，让他再也无法挽救。他再次被告知放弃他的奖励，甚至放弃帮助哈梅特的希望。这次伊顿看到，随着条约的正式签署，他已经无法回避命令。

即使作为德尔纳的胜利者被迫接受了离开的命令，伊顿意识到撤军也会是一个棘手的问题。如果美国军队准备离开的消息被泄露出去，敌军很可能大肆反扑。这意味着美国人必须秘密地离开。

第二天，伊顿装作什么事情也未发生，像往常一样检查驻军并发号施令。晚上八点钟，他让海军陆战队在显眼的地方驻守，实施调虎离山之计。在接下来的几个小时内，一小股美国部队尽量不引起他人注意，悄悄地乘船登上了"宪法号"。然后，伊顿传令愤怒欲绝的哈梅特撤军。哈梅特十分不情愿地加入了撤退行动，他别无选择，因为没有美国人的帮助，战斗也无法继续推进。海军陆战队的士兵、军官和伊顿最后撤军。撤退没有任何告别仪式和典礼。一切都在悄然进行之中，让人觉得羞耻难耐。

当哈梅特的阿拉伯盟友发现美国人离开后，他们惊慌失措。一旦帕夏的部下得知该消息，他们会将愤怒发泄到那些残兵剩将身上。这种背叛让阿拉伯士兵感到奇耻大辱，他们放弃城镇，向山中撤退。的黎波里安全了，可是那些拥护哈梅特的德尔纳市民将为他们的行为付出惨重的代价。

足智多谋的威廉·伊顿已经实现了一切不可能，凭借战术的运用赢得了德尔纳的胜利。然而，随着伊顿的扬帆起航，他看到一次青史留名的机会，一次让祖国赢得更加辉煌胜利的机会，即将被一纸条约所淹没。

现在的他只希望回家。无精打采的他给约翰·罗杰斯写信说："我没有任何理由继续留在这片海域。"[5]

参议院委员会后来对的黎波里6月份发生的事件展开调查。伊顿的老朋友蒂莫西·皮克林参议员对里尔发起强烈的谴责，他描述其行为"不过是卑鄙原则下的卑鄙叛变"。[6]委员会强烈批评该条约是一个"不光彩的行为"。[7]然而,参议院还是以三分之二的同意票通过了美利坚合众国与的黎波里签订的《和平友好条约》。不管发生怎样的分歧,那一刻,和平已然成为了一个既定的事实。

第十七章

随风逐流

和平已在光荣的条款下实现。

——《国家邮讯报》

1805 年 11 月 6 日

新迎来的巴巴里和平虽然有缺憾，不过确实是一场胜利。对于杰斐逊总统来说，听到里尔于 1805 年 9 月 6 日签订条约，的黎波里冲突的结束是一个莫大的安慰。这场战争已经困扰他的政府超过四年之久，终于落下了帷幕——他同样结束了杰斐逊的时代。

《国家邮讯报》宣告战争取得了胜利。"我们的被俘同胞已经重新回到祖国的怀抱，光荣的条款写下了和平……我们如愿以偿。"[1]确实，条约规定，俘虏在将来不得被称为奴隶，而是恢复战俘的地位。美国航运将再次自由通行。宣战的两个最重要的目标已经实现。

当战士们回到美国后，整个国家都在为英雄欢呼。9 月中旬，威廉·班布里奇回国，再没有听到人们对"费城号"的埋怨。他与117名军官和船员一起走下船，被国家授予奖励和荣誉，受到了人们的热烈欢迎。其他回国的船长和前战俘在主街道上游行，也被授予了英雄称号。弗吉尼亚议会奖励了普雷斯利·奥班农上尉，为他颁发了荣誉弯刀，这是他在收到马穆鲁克弯刀之后被授予的又一把荣誉弯刀。

巴巴里海盗的全面胜利成果将由新任总统享用，不过美国现在需要感谢的事情会很多。巴巴里战争的惨淡结局并未淹没美国战胜巴巴里海盗的事实，这是大部分欧洲国家没有胆量做的事情。初生牛犊不怕虎，美国作为一个新兴国家，将勇敢面对1812年与英国的战争。正如巴巴里战争一样，这场战争固然损失惨重，但将会使美国在世界上的地位大大提升。

巴巴里海岸的胜利证明了美国不仅会为本国利益去战斗，而且会为其他国家遭受压迫的公民而努力。尽管里尔背叛了哈梅特，美国政府并没有彻底归咎于他。为了减轻哈梅特的压力，美国能够释放他的妻子和四个孩子，让其一家人团聚。国会同意每月向哈梅特支付200美元的抚恤金，哈梅特结束在埃及的流放生活后，于1811年去世。他的弟弟尤瑟夫·卡拉曼利一直到1832年才退位，最后让位于其儿子阿里二世；尤瑟夫死于1838年。

托拜厄斯·里尔继续在原岗位工作。尽管华盛顿种种声音反对其条约，他还是一直担任总领事职位。不过他的人生并不快乐。1816年，他开枪自杀，没有留下任何遗嘱。

回国后，理查德·奥布莱恩和他的妻子伊丽莎白过着平静的生活。奥布莱恩有五个孩子，其中一名叫乔治·阿弗里卡纳斯（与非洲同音）。这个名字是为了纪念理查德在非洲度过的十年囚禁生活，几乎与他为国家服役的时间相等。奥布莱恩于1824年在华盛顿去世。

詹姆斯·利安德·卡斯卡特被任命为马德拉的外交大使，马德拉是葡萄牙西海岸上的一座岛屿。之后，卡斯卡特赴西班牙加的斯任命，最后返回了祖国。他于1843年在华盛顿去世。不过他的日志和其他信件不久便被后人整理，在《战俘：阿尔及尔的11年囚禁生活》（1899年）一书中发表。

威廉·伊顿让美国在异国领土上赢得了首次胜利，回国后受到了国家战争英雄的待遇。为了表彰他的功绩，马萨诸塞州联邦拿出一万亩缅因州的田地作为奖励。1807年，他在国会面前声称，巴巴里战役最后给他带来了12 636美元的意外之财。那时，他的身体每况愈下。他患有痛风，崇拜者给他带来的过多的啤酒对他的身体产生了极坏影响。当他的健康状况持续下降时，他写下了自己的生平事迹，整理了日志，他知道这些材料将在其死后出版。《已故将军威廉·伊顿的一生》于1813年才公布于世，那时47岁的伊顿已经离世了两年。

在巴巴里战争期间，"费城号"、"无畏号"和"宪法号"的字眼在美国各大报纸上频频出现，读者耳熟能详。与巴巴里冒险有着密切联系的海军准将爱德华·普雷布尔于1807年死于肺痨，享年 46 岁。教皇皮乌斯七世报告说，迪凯特一小时内为基督教事业做出的贡献要比基督教国家做的多。

在未来十年，他的名字再一次名留青史，几名军官以"普雷布尔的毛孩子"为名奋勇杀敌，他们在 1812 年战争中表现出色，享誉世界。

威廉·班布里奇经历了"乔治·华盛顿号"和"费城号"两次巴巴里海岸的失败行动，不过最后都赎回了自由。虽然后来在与英国军舰的战斗中双腿受伤，班布里奇仍努力保持站立，指挥宪法号对战英国皇家海军"爪哇号"，并在一场惊心动魄的海战中取得了胜利。他在战争中幸存下来，1833 年，他寿终正寝，享年 59 岁。

退休后，托马斯·杰斐逊总统在他深爱的家乡蒙蒂塞洛生活，那里是安葬他妻子和女儿波莉的地方。他的身体越来越差劲，1826 年春末和夏初他甚至一度卧床不起。7 月 3 日，杰斐逊高烧不退，他意识到自己已是将死之人，不过他坚持着直到下一天的到来，因为那天是《独立宣言》签署五十周年之际。家人陪在他的床前，他已经准备好与这个世界告别。那天晚上，杰斐逊醒来问医生："已经 7 月 4 号了吗？"这是他最后语录的其中之一。

次日下午 1 点 10 分，杰斐逊在睡梦中去世。五小时后，也就是下午 6 点 20 分，在近六百里之遥的马萨诸塞州布伦特里农场，约翰·亚当斯溘然长逝。亚当斯诠释这天的意义，"这是伟大的一天。这是美好的一天。"他并不清楚杰斐逊已经离世，亚当斯临终前说的最后一句话是："杰斐逊还活着。"两人长久以来亦敌亦友，他们在祖国诞辰五十周年之际数小时内相继离世，奉献出了自己的生活、命运以及神圣的荣誉。他们看着美国经历动荡，培育她茁壮成长，赢得世界的尊重，开创更辉煌的未来。

最初，巴巴里战争只不过是世界政治深潭中的一波涟漪。帕夏尤瑟夫荒唐地砍倒美国旗帜，开始了对美国的宣战。作为当今时代第一个民主国家的总统，托马斯·杰斐逊审时度势，所言所行堪比同时期甚至任何时期最伟大的政治哲学家。今天，战争留下的军事遗产依然不可忽视。它见证了美国海军力量被异邦海域逐渐认可。它见证了美国国旗第一次在西半球土地上迎风飘扬。它见证了美国海陆两军的首次协同作战。巴巴里战争对于美国海军来说意义非凡，"到的黎波里海岸"被写入了美国海军陆战队赞歌，而马穆鲁克剑也于 1825 年成为了美国军官制服的一部分。最重要的是，走进 21 世纪，这些广为流传的故事——美国与好战的伊斯兰国家之间的对抗，有着新的历史意义。

按照杰斐逊的思考方式，面对美国水手的被俘和商业的干扰，美国需要做出强烈的军事回应。早在十八世纪八十年代，当他们担任公使之时，杰斐逊与他的朋友约翰·亚当斯就围绕该话题展开了激烈讨论。事实上，他们对其中的争执条款心知肚明。

亚当斯曾庄重地告诉他的朋友，他认为可以购买和平。

杰斐逊反驳说："我更喜欢通过战争方式取得。"

1801 年，杰斐逊对巴巴里海岸事件做出回应，派遣了一支小型美国海军舰队前往地中海。在接下来的四年中，他根据事态发展的要求，将舰队扩大到一支更为强大的海军力量。最后，多亏普雷布尔、迪凯特、伊顿和奥班农这样英勇无畏的领导者，军队终于挽回了国家荣誉。即使反对杰斐逊的联邦党人也接受了美国需要在海外事务中发挥军事作用的观点。

　　终于，杰斐逊先生赢得了辩论，而不是亚当斯先生。

结　语

1815年，当斯蒂芬·迪凯特航行至巴巴里海岸时，他一定是喜笑颜开。这一次，他没有在夜色的掩护下，勇敢地冒着生命危险摧毁一艘被俘的美国军舰。这一次，他没有率领敌众我寡的美军进入战斗。这一次，如果他没有如愿以偿，他就不会离开。

也许当迪凯特经过他的兄弟曾经阵亡的海域时，喜悦的心情会被忧伤所冲淡，不过詹姆斯去世已经时隔11年，那种声嘶力竭的悲痛似乎渐渐褪去。的黎波里条约签订后的几年期间，美国享受到了詹姆斯·迪凯特等烈士用鲜血换来的部分和平，而现在斯蒂芬要光荣地将和平补充完整。

威廉·伊顿的直觉后来被证明是正确的，没有迎来绝对的胜利就是铸成大错。1812年英美战争期间，巴巴里海盗在英国的唆使之下又开始囚禁美国俘虏。1815年，《根特条约》结束了第二次英美战争，美国国会授权美国海军重返马格里布。阿尔及尔已经向美国宣战，迪凯特受命率领军队前往巴巴里海域，永远地结束海盗的威胁。

他率领的舰队由旗舰美国海军勇士号和其他九艘军舰组成，这是美国有史以来派遣的最强大的一支海军。抵达地中海水域后，迪凯特很快便打得阿尔及利亚海军溃不成军。他首先俘虏了老对手梅舒达号。两天后，舰队拦截了竞技场号，并将其视为美军的战利品。这两次战斗都在半小时之内结束。迪凯特俘虏了近五百名囚犯。

6月28日，迪凯特抵达阿尔及尔港口，伤病击倒了阿尔及利亚引以为傲的海军和水手，总督意识到与美国人交战的后果不堪设想。在空前强大的海军力量支持下，迪凯特仅仅用了48小时便迫使对方签订了和平条约。这一次，条约废除了美国需要缴纳的贡金。相反，条约规定，立即释放所有美国人质（那时只有10名），赔偿美国商船损失1万美元，并保证美国船只自由通航，在未来不再收取任何贡品。

迪凯特从阿尔及尔出发后，向突尼斯航行。在那里，他同样达成了类似的条款及和平协议，并再次要求巴巴里国家赔偿美国损失。针对两艘突尼斯俘获的美国商船，他们向迪凯特支付了6万美元的"贡金"。

最后，迪凯特来到的黎波里——这是一座曾经让他历经艰险却损失惨重的北非城市。针对1812年战争期间的黎波里对美国商船的干扰，他要求帕夏尤瑟夫赔偿美国人3万美元损失费。迪凯特不仅要求释放美国囚犯，而且坚持释放其他国家的囚犯。尽管英国最近一直在与自己的国家交战，他还是争取释放了英国囚犯。这是一次史无前例的壮举，整个欧洲都在庆祝他的这一行动。美国并没有独享自己的赫赫战功，恩威并重才能铸就和谐大成。

得知迪凯特取得了辉煌成绩，担任驻英大使、继承父业的约翰·昆西·亚当斯致信迪凯特："我衷心祝贺您的功绩，是您洗刷了祖国签订贡金条约的耻辱，您的壮举将永远写入祖国法律。"[1] 长达几个世纪以来，巴巴里海岸的商业一直建立在绑架、盗窃、恐吓之上，现在终于走到了尽头。这场由杰斐逊策划的战争最终在麦迪逊任期内圆满结束了。

致　谢

<hr>

我知道，读者看一本书时往往会忽视致谢部分，不过我诚挚地希望您能为我们破例，因为从这里您会看到我们真正的团队协作。上一本书《乔治·华盛顿秘密六人组》是以 1988 年以来我研究的一门课题为基础，而这本书的著作时间稍短，但其中的研究热情和力度却丝毫不逊色，甚至更加成功。

首先，我要将本书和《乔治·华盛顿秘密六人组》归功于最为重要的罗杰·艾尔斯。我总是将我对历史的热爱从对新闻的爱好中分离出来。通过与罗杰·艾尔斯交流，学习其打造的福克斯新闻，我恍然发现，要想真正认识到这个国家独特之处，唯一方法就是去了解我们的过去，弄清过去甚至现存的障碍。我还想感谢另外两人，是他们一直在远方激励着我：比尔·奥赖利和格伦·贝克。他们的第一手新闻资料不断引领我走向成功，总是让我有种历史感和关联感。格伦经常在他的节目中扮演自己的角色，比尔已完成了一系列美国历史书籍，发行量达数千万册。这

187

让我意识到，有必要撰写这样的书籍，而且背后肯定会有那么多热情的读者！

就本书而言，与世界上最优秀的作家唐·耶格及其铁杆支持者蒂芙尼·耶克·布鲁克斯的合作总是让人激动万分。蒂芙尼的工作责任心无人能比；她是我认识的最聪明、最谦虚的作者，对本书的竣工（或者我敢说是——成功）有着不可或缺的意义。值得一提的是，蒂芙尼的聪明才智让她嫁给了一位海军陆战队员，所以这也许可以解释为什么她在讲述这个伟大故事时表现得如此热情。

我要特别感谢《哨兵》的总裁和发行人阿德里安·扎克赫姆。在过去三年中，他一如既往地为我们讲述故事，从事校订工作并鼓舞我们。

当然，没有我们令人叫绝的赞助商鲍勃·巴尼特就不会有现在的一切。如果没有鲍勃的资金支持，我们就不可能有财力与《哨兵》合作第一个项目，更不用说这本书了。他总是在孜孜不倦地工作着，当你需要他时，他总是能够按时出现，而且微笑地面对你。谢谢你，鲍勃！

如果您能保守我们的秘密，我会告诉您图书业的一位明星——布里娅·桑福德。她定义了这个词"不可或缺"。你肯定没有与这样争分夺秒的人一起工作过，而且她从来没有表现出压力感或者牺牲创造力。布里娅拥有所有这些技能。她的能力帮助我们在书中找到了自己的声音，将近乎不可思议的东西跃然纸上。同样，她的助理考希克·维斯瓦纳特在整个过程中提供了很大的帮助。

研究方面，我首先联系了弗吉尼亚大学政治系主任拉里·萨巴托博士。他对我们的慷慨帮助至关重要，因为他将吉姆·索夫卡介绍给我们并安排会面。吉姆可能是巴巴里战争问题上最权威的学者，弗吉尼亚大学一定会为他骄傲。他的友善和深刻见解正是我们真正需要的，对此我们向他致敬。休·霍华德同样也是此书的强大盟友，他在美国历史知识方面博大精深，令人钦佩不已。

海军陆战队历史部不遗余力，为本书的编纂提供了巨大帮助，感激之情让我难言于表。该部门由查尔斯·P.尼迈耶博士领导，查尔斯不仅是一名出色的领导者而且是一名全能型人才。他领导着一支不可思议的热心团队，包括安妮特·D.阿默曼女士（历史学家，海军陆战队历史部），格雷戈里·L.西纳先生（档案保管员，海军陆战队档案室），贝丝·L.克拉姆利女士（历史学家，海军陆战队历史部）以及美国海军陆战队退伍的彼得·费拉罗（历史学家，海军陆战队历史部）。

怀着敬佩的心情，我想感谢国会议员玛莎·布莱克本女士。她帮助我在华盛顿理清思路，为我敞开大门，引导我前往国家档案馆访问杰斐逊的遗物。

研究托马斯·杰斐逊最好的地方永远是他在蒙蒂塞洛的庄园，而安娜·贝尔克斯在那里给了我们巨大的帮助。当您研究我

189

们的第三任总统时，您面对的是一个成就足以造福十世的伟人，甚至更加伟大。作为杰斐逊图书馆的一名研究馆员，安娜掌握了有关总统工作的大量宝贵知识，而她的耐心也是难能可贵的！因此，我们同样要对她致以特别的感谢，感谢她为我们提供伟人的故居之旅。

当然，本书的顺利完成离不开福克斯新闻大家庭的支持，如果不向他们的忠诚致敬，任何致谢部分都不会变得完整。比尔·夏因要保持两个网络同时运营，不过还是抽出时间为我的书提供建议和指导意见。我喜欢他那种对伟大的故事表现出的特殊亲和态度。苏珊·斯科特和莎丽·伯格能在百忙之中抽出时间帮助我们，让我们真的很感动！

自1997年以来，我曾有幸联合主持福克斯之友节目，从此我在该频道一待就是18年，我知道幕后的早间节目团队一直在默默无闻地付出。执行制片人劳伦·彼得森和詹妮弗·劳切特每周要负责28小时的电视直播，而且还要忙于各自家庭生活，他们在百忙之中抽出时间支持我们。虽然他们对本书和相关话题并不十分了解，但表现出了极大的热情和好奇心。资深制片人加文·哈登、肖恩·格罗曼和梅根·阿尔巴诺对本书的完成做出了巨大贡献，他们凭借卓越的能力将该书改编成节目，实在功不可没，我们对此表示万分感谢。

我还要感谢福克斯之友的同台主持——史蒂夫·杜斯和伊丽莎白·赫塞尔贝克。他们的精心准备、优秀表现和爱国主义激励

190

着我去塑造这个故事，我希望利用我的这些优势条件能够将美国历史介绍给国人。观众知道，我总是有幸与老友级的超级明星主播希瑟·诺尔特、艾因斯利·埃尔哈特、希瑟·奇尔德斯和天气预报播音玛丽亚·莫利纳为伴。当然，如果没有周末收视冠军团队塔克·卡尔森、克莱顿·莫里斯和安娜·库伊曼，福克斯之友的专营权就不可能顺利取得。

我期待将这个故事带给我的电台"吉米德之友"的家人以及粉丝们。首先，我要感谢艾莉森·曼斯菲尔德。作为资深制作人，她不仅每天都要努力的工作，而且在启动本书时付出了四倍的努力——她总是能够让工作运转起来。从书籍的设计到竣工，她一遍又一遍听取着录音，她给出的反馈总是那么的有意义。也许您曾经听我说起过哈利·卡普萨利斯和埃里克·艾尔宾，他们帮我完成了这本书，协助我签署了三千本书。感谢你们每一天的支持和不懈工作。

在策划和推广方面，《哨兵》节目的威尔·魏瑟尔和塔拉·吉尔布赖德哨兵表现出了非凡的领导能力和热情，为书籍的上市奠定了很好的基调。泰勒·弗莱明是一个真正的支持者和创新者，他在为我们工作时似乎从来没有休息过。推广的准备工作始于半年前，格斯特布克的创始人乔治·乌里韦不断推陈出新；其实，我觉得他比我更喜欢这本书（这个感觉真好）！他的秘密武器——莫利·波尔卡里和维多利亚·德尔加多尽心尽责地将此书在全球范围内推广，他们总是精神抖擞地面对我们每周的电话会

191

议。如您所知，今天的销售很大程度上通过互联网完成，而负责此项工作的是保罗·格斯特和林赛·华莱士，他们在本书的成功推广方面发挥着举足轻重的作用。谢无尽焉！

最后也是最重要的一点，我想感谢这世上我最爱的家人。感谢我的妻子道恩，孩子布莱恩、科尔斯顿和凯特林。因为我一直工作到很晚，花费了大量时间阅读、写作和校审，没能抽出太多的时间陪你们一起玩耍。感谢你们的理解或者至少要假装感谢一下。我希望当你们读到这时，你们一定会认为，这是值得的！

总之，本书介绍了鲜为大众所知的重要历史人物，他们都是默默无闻的爱国者。本书特别献给那些所有曾经为祖国战斗、从来不计个人得失的英雄们。希望后人会代代流传他们的故事，没有他们在战壕和海上的奋勇杀敌，我们就无法迎来现在的世界超级经济大国和军事大国，无法体会到作为一名美国公民的骄傲！

注　释

序章：猝不及防

1. 理查德·奥布莱恩致信托马斯·杰斐逊，1785 年 8 月 24 日。

第 1 章：流落异邦

1. 伊丽莎白·威尔斯·艾普斯致信托马斯·杰斐逊，1784 年 10 月 13 日。

2. 托马斯·杰斐逊致信玛丽·杰斐逊，1785 年 9 月 20 日。

3. 玛丽·杰斐逊致信托马斯·杰斐逊，1786 年 5 月前后。

4. 托马斯·杰斐逊致信弗朗西斯·艾普斯，1785 年 8 月 30 日。

5. 同上。

6. 托马斯·杰斐逊致信弗朗西斯·艾普斯，1785 年 12 月 11 日。

7. 兰伯特，《巴巴里战争》，第 16 页。

8. 托马斯·杰斐逊为致信纳撒尼尔·格林，1785 年 1 月

12 日。

9. M. 勒·维亚尔致信富兰克林博士，1785 年 10 月 9 日。

10. 约翰·亚当斯致信托马斯·杰斐逊，1786 年 2 月 17 日。

11. 同上。

12. 约翰·亚当斯致信约翰·杰伊，1786 年 2 月 20 日。

13. 托马斯·杰斐逊致信威廉·卡迈克尔，1786 年 5 月
5 日。

14. 乔治·华盛顿致函国会，1790 年 12 月 30 日。

15. "美国公使致约翰·杰伊"，1786 年 3 月 28 日。

16. 约翰·亚当斯致信托马斯·杰斐逊，1786 年 7 月 3 日。

17. 托马斯·杰斐逊致信约翰·亚当斯，1786 年 7 月 11 日。

18. 约翰·亚当斯致信托马斯·杰斐逊，1786 年 7 月 31 日。

第 2 章：国务卿杰斐逊

1. 托马斯·杰斐逊致信詹姆斯·门罗，1784 年 11 月 11 日。

2. "地中海贸易"，1790 年 12 月 30 日。

3. 同上。

4. 大卫·汉弗莱斯致信迈克尔·墨菲，1793 年 10 月 6 日。

5. 爱德华·丘奇致信托马斯·杰斐逊，1793 年 10 月 12 日。

6. "关于乔尔·巴洛作为美国驻阿尔及尔大使的任命"，
1796 年 2 月 10 日。

7. 伊顿，《已故将军威廉·伊顿的一生》，第 17 页。

8. 同上，第19—20页。

9. 同上，第26页。

第3章：乔治·华盛顿号的耻辱

1. 乔治·华盛顿号海军日志。

2. 同上。

3. 理查德·奥布莱恩致信国务卿，1800年5月16日。

4. 伦敦，《的黎波里的胜利》（2005），第4页。

5. 理查德·奥布莱恩致信国务卿，1800年9月20日。

6. 同上。

7. 威廉·班布里奇致信理查德·奥布莱恩，1800年10月9日。

8. 理查德·奥布莱恩致信威廉·伊顿，1800年10月19日。

9. 乔治·华盛顿号海军日志。

10. 威廉·伊顿，《给理查德·奥布莱恩写信的个人说明》，1800年10月19日。

第4章：杰斐逊归来

1. "美利坚合众国与北非的黎波里贝伊和臣民之间的和平友好条约。"

2. 威廉·伊顿致信蒂莫西·皮克林，1800年6月24日。

3. 迪尔伯恩，《威廉·班布里奇的一生》，第40页。

4. 杰斐逊,《笔记》,1801 年 5 月 15 日—1803 年 4 月 8 日。

5. 同上。

第 5 章：倒下的旗帜

1. 乔尔·巴洛致信国务卿，1797 年 8 月 18 日。

2. 詹姆斯·L.卡斯卡特，"通函"，1801 年 2 月 21 日。

3. 詹姆斯·L.卡斯卡特致信国务卿詹姆斯·麦迪逊，1801 年 5 月 11 日。

4. 同上，1801 年 5 月 16 日。

5. 詹姆斯·L.卡斯卡特致信尼古拉斯·C.尼森，1801 年 5 月 15 日。

6. 詹姆斯·L.卡斯卡特致信国务卿詹姆斯·麦迪逊，1801 年 6 月 4 日。

第 6 章：第一舰队

1. 理查德·戴尔致信安德鲁·斯特瑞特，1801 年 7 月 30 日。

2. 理查德·戴尔船长致信海军部长，1801 年 7 月 2 日。

3. 同上。

4. 理查德·戴尔船长致信塞缪尔·巴伦，1801 年 7 月 4 日。

第 7 章：海上冲突

1. 理查德·戴尔致信阿尔及尔总督和突尼斯贝伊，1801 年 7 月 10 日。

2. 威廉·伊顿致信詹姆斯·麦迪逊，1801 年 7 月 10 日。

3. 伊顿，《已故将军威廉·伊顿的一生》，第 59 页。

4. 威廉·伊顿，"日志"，1799 年 2 月 22 日。

5. 威廉·伊顿致信国务卿蒂莫西·皮克林，1799 年 6 月 15 日。

6. 威廉·伊顿致信伊莱扎·伊顿，1799 年 4 月 6 日。

7. 威廉·伊顿致信国务卿蒂莫西·皮克林，1799 年 6 月 15 日。

8. 理查德·戴尔致信海军部长，1801 年 7 月 19 日。

9. 理查德·戴尔致信的黎波里帕夏，1801 年 7 月 25 日。

10. 理查德·戴尔致信安德鲁·斯特瑞特，1801 年 7 月 30 日。

11. 摘自安德鲁·斯特瑞特的来信。

12. "的黎波里战舰被美国纵帆舰企业号俘获"，《国家情报员》和《华盛顿广告报》，1801 年 11 月 18 日。

13. 牛顿·基恩致信威廉·W. 伯罗斯，1801 年 8 月 10 日。

14. "的黎波里战舰被美国纵帆舰企业号俘获"，《国家情报员》和《华盛顿广告报》，1801 年 11 月 18 日。

15. 托马斯·杰斐逊，"总统咨文"，1801 年 12 月 8 日。

第 8 章：时不我待

1. 第七届国会年会，第一次会议，第 26—325 页。

2. 牛顿·基恩致信威廉·W. 伯罗斯，1801 年 9 月 28 日。

3. 詹姆斯·布朗致信詹姆斯·利安德·卡斯卡特，1801 年 9 月 16 日。

4. 理查德·戴尔致信海军部长，1801 年 12 月 13 日。

5. 同上。

6. 理查德·戴尔致信威廉·班布里奇，1801 年 12 月 15 日。

7. 威廉·伊顿致信国务卿詹姆斯·麦迪逊，1801 年 9 月 5 日。

8. 爱德华兹，《巴巴里将军》，第 95 页。

9. 威廉·伊顿致信詹姆斯·麦迪逊，1801 年 9 月 5 日。

10. 理查德·奥布莱恩致信詹姆斯·麦迪逊，1801 年 7 月 22 日。

第 9 章：夏季的低迷

1. 亨利·沃兹沃思，个人日记，1802 年 9 月 13 日，转载于《海军文件》。

2. 理查德·V. 莫里斯致信海军部长，1802 年 5 月 31 日。

3. 亚历山大·默里致信海军部长，1802 年 6 月 1 日。

4. 威廉·伊顿致信詹姆斯·麦迪逊，1802 年 8 月 9 日。

5. 海军部长致信理查德·V. 莫里斯，1802 年 4 月 20 日。

6. 威廉·伊顿致信詹姆斯·卡斯卡特，1802 年 4 月 26 日。

7. 亚历山大·默里，"美国星座号护卫舰日志"，1802 年 7 月 22 日。

8. 库珀，《美利坚合众国海军历史》（1856 年），第 58 页 – 157 页。

9. 亚历山大·默里，"美国星座号护卫舰日志"，1802 年 7 月 22 日。

10. 亚历山大·默里致信海军部长，1802 年 7 月 30 日。

11. 威廉·伊顿致信詹姆斯·麦迪逊，1802 年 8 月 23 日。

12. 海军部长致信理查德·V. 莫里斯，1802 年 4 月 20 日。

13. 理查德·V. 莫里斯致信海军部长 1802 年 10 月 15 日。

14. 托马斯·杰斐逊致信艾伯特·加勒廷，1803 年 3 月 28 日。

15. 威廉·伊顿致信哈梅特·卡拉曼利，1802 年 8 月 6 日。

16. 詹姆斯·卡斯卡特，呈报詹姆斯·麦迪逊的海军日志，1803 年 3 月 14 日。

17. 理查德·莫里斯致信海军部长，1803 年 3 月 30 日。

18. 阿伯特，《美国海军历史》，第 189 页。

19. "亨利·沃兹沃思准尉的日记"1803 年 4 月 2 日。

20. 伊顿，《已故将军威廉·伊顿的一生》，第 244 页。

21. 海军部长致信理查德·V. 莫里斯，1803 年 6 月 21 日。

22. "莫里斯准将地中海舰队的有关事宜"。

23. 托马斯·杰斐逊致信菲利普·马泽伊，1804 年 7 月

199

18 日。

24. 威廉·伊顿致信詹姆斯·麦迪逊，1802 年 8 月 23 日。

第 10 章：十月的预言

1: 爱德华·普雷布尔致信玛丽·迪林，1803 年 8 月 13 日。

2. 引自弗莱克斯纳，《乔治·华盛顿和新的国家》，第三卷，第 321—322 页，第 337 页。

3. 海军部长致信爱德华·普雷布尔，1803 年 8 月 2 日。

4，同上，1803 年 7 月 13 日。

5. 爱德华·普雷布尔致信海军部长，1803 年 9 月 23 日。

6. 爱德华·普雷布尔，日记，1803 年 10 月 6 日。

7. 爱德华·普雷布尔，引自塔克，《破晓雷鸣》，第 205 页。

8. 托拜厄斯·里尔致信里尔夫人，1803 年 10 月 13 日。

9. 小拉尔夫·伊扎德致信拉尔夫·伊扎德夫人，1803 年 10 月 11 日。

10. 爱德华普雷布尔的海军部长，1803 年 10 月 10 日。

11. 摩洛哥国王致信托马斯·杰斐逊，1803 年 10 月 11 日。

12. 爱德华·普雷布尔致信玛丽·迪林，1803 年 10 月前后。

第 11 章：费城号的劫难

1. 威廉·班布里奇致信爱德华·普雷布尔，1803 年 11 月 12 日。

2. 威廉·班布里奇致信托拜厄斯·里尔，1804年2月8日。

3. 威廉·班布里奇致信苏珊·班布里奇，1803年11月1日。

4. 惠普尔，"到的黎波里海岸"，第118页。

5. 考德里，《非洲奴隶主的白奴们》，第162页。

6. 同上，第190页。

7. 同上，第191页。

8. 肖，《一出短剧》，第23页，转载于贝普勒《非洲奴隶主的白奴们》（1999年），第19页。

9. 威廉·班布里奇致信海军部长，1803年11月1日。

第12章：月黑风高

1. 爱德华·普雷布尔致信玛丽·迪林，1803年11月20日。

2. 查尔斯·斯图尔特致信苏珊·迪凯特，1826年12月12日。

3. 爱德华·普雷布尔致信海军部长，1803年12月10日。

4. 塔克，《斯蒂芬·迪凯特》，第42—43页。

5. 迪尔·伯恩，《威廉·班布里奇的一生》，第60页。

6. 威廉·班布里奇致信爱德华·普雷布尔，1803年12月5日。

7. 爱德华·普雷布尔致信海军部长，1804年1月17日。

8. 爱德华·普雷布尔致信斯蒂芬·迪凯特，1804年1月

31 日。

9. 同上。

10. 莫里斯，《美国海军查尔斯·莫里斯准将自传》，（波士顿：A. 威廉姆斯，1880 年），第 27 页。

11. 刘易斯·赫尔曼，引自麦基、爱德华·普雷布尔，《海军传记，1761 年—1807 年》（1972 年），第 197 页。

12. 小拉尔夫·伊扎德致信拉尔夫·伊扎德夫人，1804 年 2 月 20 日。

13. 威廉·雷，《奴隶制的恐怖》；或《的黎波里的美国水手》（2008 年），第 76 页。

14. 同上。

第 13 章：的黎波里之战

1. 斯蒂芬·迪凯特致信基思·斯宾塞，1805 年 1 月 9 日。

2. 爱德华·普雷布尔致信海军部长，1804 年 2 月 3 日。

3. 《纽约晚邮报》，1804 年 3 月 28 日。

4. 海军爱德华·普雷布尔，1804 年 5 月 22 日。

5. 詹姆斯·麦迪逊致信托马斯·菲茨西蒙斯，1804 年 4 月 13 日。

6. 虽然该书是费城号被烧毁 40 年之后一名传记作家所著，里面经常被引用的话有可能不是纳尔逊亲口所述，但长期以来一直与其有关。艾伦，《我们的海军和巴巴里海盗》（1905 年），第

173 页。

7. 乔治·戴维斯致信国务卿，1804 年 3 月 26 日。

8. 爱德华·普雷布尔致信海军部长，1804 年 6 月 14 日。

9. 爱德华·普雷布尔致信理查德·奥布莱恩，1804 年 6 月 13 日。

10. 普雷布尔，日记，1804 年 6 月 14 日。

11. 伊顿，《已故将军威廉·伊顿的一生》，第 242 页。

12. 同上，第 262 页。

13. 爱德华兹，《巴巴里将军》（1968 年），第 131 页。

14. 伊顿，《已故将军威廉·伊顿的一生》，第 265 页。

15. 托马斯·杰斐逊致信约翰·佩奇，1804 年 6 月 25 日。

16. 詹姆斯·麦迪逊致信托拜厄斯·里尔，1804 年 6 月 6 日。

17. 海军部长致塞缪尔·巴伦，1804 年 6 月 6 日。

18. 爱德华·普雷布尔致信詹姆斯·L. 卡斯卡特，1804 年 5 月 28 日。

19. 爱德华·普雷布尔致信海军部长，1804 年 9 月 18 日。

20. 同上；麦基、爱德华·普雷布尔，《海军传记，1761 年—1807 年》，第 262 页。

21. 斯蒂芬·迪凯特致信基思·斯宾塞，1805 年 1 月 9 日。

22. 爱德华·普雷布尔致信海军部长，1804 年 9 月 18 日。

23. 麦肯齐，《斯蒂芬·迪凯特的一生》，第 97 页。

24. 爱德华·普雷布尔致信海军部长，1804 年 9 月 18 日。

25. 迪尔·伯恩，《威廉·班布里奇的一生》，第 74 页 -
75 页。

26. 爱德华·普雷布尔致信玛丽·迪林，引自麦基，爱德华·
普雷布尔，《海军传记，1761 年—1807 年》（1972 年），第 307 页。

第 14 章：开辟新战线

1. 威廉·伊顿致信国会议员塞缪尔·莱曼，1801 年 10 月
12 日。

2. 威廉·伊顿致信亚历山大·鲍尔，1804 年 12 月 13 日。

3. 威廉·伊顿，"日志"，1804 年 12 月 7 日。

4. 威廉·伊顿致信海军部长，1804 年 12 月 13 日。

5. 哈梅特·卡拉曼利致信威廉·伊顿，1805 年 1 月 3 日。

6. 亚历山大·默里致信理查德·V. 莫里斯，1802 年 8 月
22 日。

第 15 章：沙漠中的生死之战

1. 威廉·伊顿"日志"，1805 年 4 月 2 日；《已故将军威
廉·伊顿的一生》，第 317 页。

2. 威廉·伊顿，《已故将军威廉·伊顿的一生》，第 323 页。

3. 威廉·伊顿，"日志"，1805 年 4 月 2 日；《已故将军威
廉·伊顿的一生》，第 323 页。

4. 伊顿，同上，1805 年 4 月 16 日；同上，第 329 页。

5. 伊顿，同上，1805 年 4 月 25 日；同上，第 330 页。

6. 威廉·伊顿致信德尔纳总督，1805 年 4 月 26 日；同上，第 337 页。

7. 威廉·伊顿致信塞缪尔·巴伦，1805 年 4 月 29 日；同上，第 337 页。

8. 同上。

9. 爱德华兹，《巴巴里将军》（1968 年），第 214 页。

第 16 章：尘埃落定

1. 托拜厄斯·里尔致信约翰·罗杰斯，1805 年 5 月 1 日。

2. 乔纳森·考德里，"日志"，1805 年 5 月 24 日。

3. 威廉·伊顿，"日志"，1805 年 5 月 12 日；《已故将军威廉·伊顿的一生》，第 340 页。

4. 威廉伊顿致信塞缪尔·巴伦，1805 年 5 月 29 日。

5. 威廉·伊顿致信约翰·罗杰斯，1805 年 6 月 13 日。

6. 蒂莫西·皮克林致信不明人士，1806 年 3 月 21 日。

7. "委员会的报告"，1806 年 3 月 17 日。

第 17 章：随风逐流

1.《国家邮讯报》，1805 年 11 月 6 日。

结　语

1. 约翰·昆西·亚当斯致信斯蒂芬·迪凯特，引自麦肯齐，《迪凯特》，第27页。

参考文献

本书的创作离不开相关人员留下的信件、日记、航海日志及其他有关文件。《关于美利坚合众国与巴巴里国家战争（1939年—1944年）的美国海军文件》是编写本书至关重要的依据。对于任何与该话题有关的书籍来说，博大精深的六卷宗文献都能够起到基础性的作用。

另一个主要文献是《美国国家文件》。实际上，它就是国会的日记，包含了报告、信件和其他材料，以及国会议案和会议记录。您可登陆以下网站查看：http：//memory. loc. gov/ammem/amlaw/lwsp. html。

通过一条条备注我们可知，当事人的私人文件同样具有宝贵的参考价值：托马斯·杰斐逊、约翰·亚当斯和乔治·华盛顿的整理文件已经公之于世，而且带有丰富的注释。较难取得的是托拜厄斯·里尔的文件（尚未出版，而是存档于密歇根大学的克莱门茨图书馆）和爱德华·普雷布尔的资料（美国国会图书馆）。许多本书中提到的其他人物都留有回忆录和信件。相关文件都被出版并在参考书目中列出，包括詹姆斯·利安德·卡斯卡特和巴

巴里俘虏（其中包括威廉·雷和伊莱贾·肖），尤其是举世瞩目
的威廉·伊顿。

过去两个世纪以来，众多作家都创作过此类话题的书籍，您
会从以下列表中发现他们精彩的原创作品和二次作品。

Abbot, Willis J. *The Naval History of the United States*. New
York: Dodd, Meadand Company, 1896.

Adams, Henry. *History of the United States During the Administra-
tion ofThomas Jefferson*. NewYork: Library of America, 1986.

Allen, Gardner W. *Our Navy and the Barbary Corsairs*. Boston:
Houghton MifflinCompany, 1905.

Allison, Robert J. *The Crescent Obscured*. New York: Oxford Uni-
versity Press, 1995.

Baepler, Paul. *White Slaves, African Masters: An Anthology of A-
merican BarbaryCaptivity Narratives*. Chicago: University of Chicago
Press, 1999.

Cathcart, James Leander. *Tripoli: First War with the United
States*. La Porte, IN: Herald Print, 1901.

Cogliano, Francis D. *Emperor of Liberty: Thomas Jefferson's For-
eign Policy*. New Haven, CT: Yale University Press, 2014.

Cooper, J. Fenimore. *History of the Navy of the United States of A-
merica*. NewYork: Stringer and Townsend, 1856.

Cunningham, Noble E. , Jr. *The Process of Government Under Jef-
ferson*. Princeton, NJ: Princeton University Press, 1978.

Dearborn, H. A. S. *The Life of William Bainbridge, Esq. , of the United StatesNavy. Princeton*, NJ: Princeton University Press, 1931.

Eaton, William. *The Life of the Late Gen. William Eaton.* Brookfield, MA: E. Merriam & Co. , 1813.

Edwards, Samuel. *Barbary General: The Life of William H. Eaton.* EnglewoodCliffs, NJ: Prentice – Hall,Inc. , 1968.

Ellis, Joseph J. *American Sphinx: The Character of Thomas Jefferson.* NewYork: Alfred A. Knopf, 1996.

Ferguson, Eugene S. *Truxtun of the Constellation: The Life of CommodoreThomas Truxtun*, U. S. *Navy*, 1755 –1822. Baltimore, MD: Johns HopkinsUniversity Press, 1959.

Flexner, James Thomas. *George Washington.* 4 *vols. Boston: Little*, Brown &Co. , 1965 –1972.

Irwin, Ray D. *Diplomatic Relations of the United States with the Barbary Powers*:1776 –1816. Chapel Hill: University of North Carolina Press, 1931.

Kimball, Marie. *Jefferson: The Scene of Europe.* New York: Coward – McCann,Inc. , 1950.

Kitzen, Michael L. S. *Tripoli and the United States at War: A History of AmericanRelations with the Barbary States*, 1785 –1805. Jefferson, NC: McFarland& Co. , Inc. , 1992.

Lambert, Frank. *The Barbary Wars.* New York: Hill and Wang, 2005.

Lane – Poole, Stanley. *The Story of the Barbary Corsairs.* New York: G. P. Putnam's Sons, 1890.

London, Joshua E. *Victory in Tripoli: How America's War with the Barbary PiratesEstablished the U. S. Navy and Built a Nation.* New York: John Wiley & Sons, Inc. , 2005.

McCullough, David. *John Adams.* New York: Simon & Schuster, 2001.

McKee, Christopher. *Edward Preble: A Naval Biography,* 1761 - 1807. Annapolis, MD: Naval Institute Press, 1972.

Mackenzie, Alexander Slidell. *Life of Stephen Decatur, Commodore in the U. S. Navy.* Boston: Charles C. Little and James Brown, 1846.

Magoun, F. Alexander. *The Frigate Constitution and Other Historic Ships.* NewYork: Dover Publications, 1987.

Malone, Dumas. *Jefferson and His Time.* 6 *vols.* Boston: Little, Brown & Company, 1948–1981.

Morris, Charles. *The Autobiography of Commodore Charles Morris, U. S. Navy.* Boston: A. Williams, 1880.

Nash, Howard P. Jr. *The Forgotten Wars: The Role of the U. S. Navy in the QuasiWar with France and the Barbary Wars,* 1798 –1805. South Brunswick, NJ: A. S. Barnes & Co. , 1968.

Naval Documents Related to the United States Wars with the Barbary Powers. 6vols. Washington, DC: Government Printing Office, 1939 - 1944.

Parker, Richard B. *Uncle Sam in Barbary: A Diplomatic History.* Gainesville: University Press of Florida, 2004.

Quincy, Josiah. *Figures of the Past from the Leaves of Old Jour-*

nals. Boston: Roberts Brothers, 1883.

Ray, William. *Horrors of Slavery*; *or*, *The American Tars in Tripoli*. New Brunswick, NJ: Rutgers University Press, 2008.

Shaw, Elijah. *A Short Sketch of the Life of Elijah Shaw*. Rochester, NY: Strong &Dawson, 1843.

Sumner, Charles. *White Slavery in the Barbary States*. Boston: P. J. Jewett andCompany, 1853.

Toll, Ian W. *Six Frigates*: *The Epic History of the Founding of the U. S. Navy*. New York: W. W. Norton and Company, 2006.

Tucker, Glenn. *Dawn Like Thunder*: *The Barbary Wars and the Birth of theU. S. Navy*. Indianapolis: Bobbs – MerrillCompany, 1963.

Tucker, Spencer. *Stephen Decatur*: *A Life Most Bold and Daring*. Annapolis, MD: Naval Institute Press, 2005.

Whipple, A. B. C. *To the Shores of Tripoli*: *The Birth of the U. S. Navy and Marines*. William Morrow and Company, Inc. , 1991.

Wright, Louis B. , and Julia H. Macleod. *The First Americans in North Africa*: *William Eaton' s Struggle for a Vigorous Policy Against the Barbary Pirates*, 1799 – 1805. Princeton, NJ: Princeton University Press, 1945.

Zacks, Richard. *The Pirate Coast*: *Thomas Jefferson*, *the First Marines*, *and theSecret Mission of* 1805. New York: Hyperion, 2005.